「私のはなし　部落のはなし」の話

満若勇咲

中央公論新社

まえがき

２０２２年５月21日。僕にとって初めての劇場用長編ドキュメンタリー映画『私のはなし部落のはなし』が公開された。映画のテーマはタイトルのとおり「部落問題」。企画立案から完成まで実に６年もかかってしまった。

僕は、大阪芸術大学で映像を学び、カメラを担いでドキュメンタリーの撮影をすることをこれまで生業にしてきた。飽きっぽい僕にとって、あちこちに出張する撮影の仕事はまさに天職だった。撮影が生業なのに、わざわざ監督をしたのには理由がある。

もともと僕は監督としてドキュメンタリー制作を大学で学んでいた。そして在学中、『にくのひと』（07）という兵庫県の屠場《とじょう》（食肉センター）を舞台にしたドキュメンタリー映画を作った。その後『にくのひと』は劇場公開が決まるも、部落解放同盟兵庫県連合会からの抗議を受け、出演者との関係性が破綻したことで封印することになる。

僕は『にくのひと』の制作で部落問題と出会い、そして苦い経験をした。作り手としても、被写体との関係性が崩れるという挫折から、ドキュメンタリーにおける出演者との「関係性」

について深く考えるようになった。部落問題は、僕にとってドキュメンタリーの作り手としての原点でもあるのだ。

とはいえ、まさか本を執筆することになるとは夢にも思わなかった。この本を書くきっかけとなったのは、22年4月に行ったマスコミ向けの試写会だった。上映後にライターの朝山実さんから声を掛けられたのだ。

「本書いてみない？」

「はい？」

「この映画さ、試写状をもらってたんだけど、はじめは観る気なかったんだよね。でも東風（配給会社）の木下さんから監督の10年前のリベンジなんですって聞いて観に来たんだよ。これって、構成はあなたがやったの？　編集が面白いね」

「ありがとうございます。いやー本はちょっと……」

その時は本を書く気なんて全く起きなかった。だからその場では「検討します」とだけ答えた。その後、朝山さんは『週刊朝日』に映画を紹介する記事を執筆し、さらに公開後には舞台挨拶の日に、わざわざ3回目の鑑賞をしに来てくれた。3時間半の映画を3回も、である。

「これは断れないな……」と、朝山さんの熱意に負けてキーボードを叩くことになったのはいいが、さて何を書くべきだろうか？

「朝山さん、これ何を書いたらいいんですか？」

「君のことを書けばいいと思うよ」

「僕のことですか？　TVやってたとか、若松プロの現場にいたとか、編集中に編集技師とエヴァンゲリオンを観てたとかですか？」

「そうそう、そういうのが面白いよ」

なるほど。これは困った。僕のことを直接知っていれば内輪ネタとして面白いかもしれない。けれど、多くの人にとって僕はたった1本の長編映画を作ったドキュメンタリー作家でしかない。そんなよく分からない監督の個人的なエピソードを、僕が読者だったら読みたいとは思わない。少なくとも本として残す以上は、何か次の世代の役に立つものにしなければならない、そう考えた。6年ものあいだ部落問題というテーマと格闘し、七転八倒しながらどうやって完成させたのか。一人の作り手として映画づくりの方法を書き残すことは、多少意味があるのではないだろうか。

面倒だな……と初めは後ろ向きだった執筆作業だったけれど、いざ書いてみると思いのほか僕自身にとってもよい経験になった。映像とは恐ろしいもので、作り手の無意識が知らずのうちに映り込む。改めて自作を批評的に見つめなおして無意識の部分を言葉にする作業は、囲碁や将棋の感想戦のように、作り手としての己を点検する重要な仕事だった。きっと次の作品づくりにつながるだろう、と思う。

この本は、一人の作り手が、映像制作者としての立場から、どのように部落問題に関わり、映画として再構築したのか、という過程について書いた。部落問題についての本ではない。

これは『私のはなし　部落のはなし』を作った監督である「私のはなし」なのだ。

目次

II　『私のはなし　部落のはなし』

装幀　内澤旬子
本文デザイン　松本孝一
企画・編集協力　朝山実

「私のはなし　部落のはなし」の話

I

映画にたどりつくまでの僕のはなし

1 『にくのひと』

物語の原風景『ゲド戦記』

この本を書くにあたって10年ぶりくらいにアーシュラ・K・ル＝グウィンの『ゲド戦記』（清水真砂子訳／岩波書店）を読み返した。自分にとっての制作の原点はなんだろうか？　と考えた時、僕の物語体験の原点が子どものころに読んだ『ゲド戦記』だったと思い出したからだ。

僕は映像を生業にしているがシネフィル（熱狂的な映画好き）ではない。だからモノを作る時「あの作品のあのカットで」といった具合に映画的な記憶を源泉に表現をするタイプではないのだ。このテーマに対してどのような表現が可能か？　と考えるタイプだ。本業の撮影は映像で表現する仕事だけれど、どちらかといえば「表現」よりも「物語性」を重視する傾向が強い自覚がある。それはドキュメンタリーを志すきっかけになり、学生時代に指導を受けた原一男監督の影響があるのだろう。そして、今の今まで忘れていたが、『ゲド戦記』は間違いなく僕の作り手としての背骨になっていた。

『ゲド戦記』は『指輪物語』『ナルニア国物語』と並び世界三大ファンタジーの一つと呼ばれ

ている。アースシーという太古の言葉が魔力を発揮する多島海を舞台に、魔法使いゲドが少年から年老いるまでを描いた物語だ。しかし、胸躍る冒険や魅惑的な魔法が物語の主軸ではない。主人公ゲドは世界の均衡を崩すという理由で魔法は極力使わない。敵役の魔法使いも登場するが倒すべき悪ではなく人々の無意識の象徴で、ゲドに倒されるのではなく黄泉《よみ》の国にただ去っていくだけだ。『ゲド戦記』は淡々とした語り口で物語として明確なカタルシスがない。それゆえにこれまで映像化は上手くいっていない。しかし、読み終えた後、確かにアースシーという世界に触れたという高揚感に包まれる。

『私のはなし　部落のはなし』公開後、いちばん多く寄せられた質問は「なぜもう一度部落問題を？」だった。舞台挨拶でも「映画を作った理由」を話してほしいというリクエストが多かった。また記者からは「抗議を受けて作品を封印したのに、また同じ問題を撮ろうなんて普通は思わないですよ」とよく言われた。挫折したことに再度取り組むことは、僕にとってあまりにも自然なことで、逆になぜそのような質問をするのか全くピンと来ていなかった。けれど『ゲド戦記』にこんな一節を見つけた。

「つらいことだが、彼にはよくわかっていた。自分がしなければならないことは、しでかしたことを取り消すことではなく、手をつけたことをやりとげることだった」

『影との戦い　ゲド戦記』

第一巻『影との戦い』は、大魔法使いに見出された少年ゲドが、自分の才能に驕《おご》り、禁じられた呪文を唱え自らの〈影〉を呼び出すという失敗をする。そして、ゲドはその〈影〉に命を狙われ、幾度となく危機に陥いることとなる。物語はゲドが自ら呼び出した〈影〉を倒すのではなく、自分の一部として受け入れることで終わりを迎える。

僕の原点は『ゲド戦記』だった。それを思い出した時、『私のはなし　部落のはなし』を作る理由も説明できるようになった。

劇場で上映が出来なかった『にくのひと』は映画として終わらせることが出来ないまま、僕の中で燻《くすぶ》り続けていた。だから、『にくのひと』を終わらせるために、僕は『私のはなし　部落のはなし』を作る必要があったのだと。

大阪芸術大学

2005年。僕は大阪芸術大学芸術学部映像学科に入学した。大阪といっても道頓堀周辺が全てではない。大阪芸大は山と田んぼに囲まれた大阪府南東に位置する南河内郡という場所にある。西をむけばPL塔が見えて、東の二上山《にじょうさん》を越えればすぐ奈良県、北に行けば大和川があり、南に行くと大阪府内で唯一の村で楠木正成の出身地である千早赤阪村がある。京都の自宅から片道2時間半かけて通っていた。

大阪芸大では、1・2回生時に、シナリオや撮影など映像制作の基礎を学び、3回生から劇映画、映像表現、シナリオ、アニメーション、そしてドキュメンタリーと具体的なコースに沿った講義が始まる。映像学科のOBでは、庵野秀明（中退）、島本和彦（中退）、熊切和嘉、山下敦弘、近藤龍人、石井裕也、呉美保……などの作り手たちがアニメや漫画、劇映画で活躍している。が、僕たち学生の認識は「日芸、武蔵美、京都造形大に入れなかった落ちこぼれが集まる奇人変人の巣窟」というなんとも惨めなものだった記憶がある。島本和彦の漫画『アオイホノオ』（小学館）では当時の大阪芸大生の精神性がコミカルかつほぼ正確に描かれている。ちなみに現在はかなり雰囲気が変わったようである。

大学入学時の僕は、「サラリーマンは無理だから、比較的好きな映画を作ることを目指すか」、そんな軽い気持ちで劇映画を志望していた。けれど現実とは残酷なものだ。シナリオの講義で同級生たちが易々とシナリオを書きあげるなか、僕はなかなか書きあげることができなかった。自分の中にフィクションで描きたいと思えるテーマ、物語が見出せなかったのだ。だから自分には無理だろうと、劇映画を諦めた。そんな折、原一男監督の『ゆきゆきて、神軍』（87）を観た。これが僕とドキュメンタリーの出会いである。

1986年。チェルノブイリ原発事故が起きた年に僕は生まれた。高校生まで京都府と大阪府の府境の街、京都府八幡《やわた》市で過ごした。田んぼ、夏の夜に始まるウシガエルの大合唱、車の解体業者、東京まで続いているという国道一号線、暴力団の大きな屋敷、「京都」へ行く京阪電車、エジソンがフィラメントに使った竹、石清水八幡宮《いわしみずはちまんぐう》、あちこちにある団地……映画とは無縁の環境だった。

隣町にシネコンができるまで、片道1時間かけて京都市まで行かなくてはならなかったから、映画館で映画を観ることはほとんどなかった。もっぱら水野晴郎の「金曜ロードショー」や淀川長治の「日曜洋画劇場」をTVで観るか、ツタヤのレンタルビデオで観るのが僕にとっての映画だった。子どものころ映画館で初めて観た映画は大森一樹監督の『ゴジラvsキングギドラ』(91)で、初めて親から買ってもらったVHSは『ジュラシック・パーク』(93)だったと記憶している。

関西の地方都市でボーっと生きていると、よほど意識しなければドキュメンタリーに触れる機会はない。僕の場合、NHKのドキュメンタリー番組をたまに観るくらいで、ドキュメンタリーという映像ジャンルを報道の延長としてとらえていて、「面白いもの」とは思っていなかった。大学に入って、ドキュメンタリー映画というジャンルを知った後でも、是枝裕和さんや森達也さんが活躍していたドキュメンタリー番組「NONFIX」「ザ・ノンフィクション」など有名なドキュメンタリー番組は基本的に関東ローカルで、僕には観ることができなかった。

そんなドキュメンタリーのリテラシーが低かった僕は『ゆきゆきて、神軍』の映画としての面白さに衝撃を受けた。被写体である奥崎謙三の暴力性は注目されがちだが、それよりも平然とカットバックする編集や、被写体の予期せぬ行動に振り回されながらも撮影を続ける作り手、カメラの前で繰り広げられる暴力を撮影するという作り手側のとまどい……こういった映画づくりもあるのか！　と衝撃を受けた。

『ゆきゆきて、神軍』で特に印象深かったのは、入院している元軍曹を奥崎謙三が訪ねるシーンだった。奥崎が話しているカットに、後から撮影したであろう困った表情をしている元軍曹のアップをカットバックさせていた。明らかに不自然で、なんと強引な編集だろうか。しかし、『ゆきゆきて、神軍』は、その強引でフィクショナルな編集が、奥崎謙三のパフォーマンス性と相まって、現実をただ映すのではなく、現実の中から物語を引きずりだすドキュメンタリーの面白さに満ち溢れていた。

「ドキュメンタリーだったらフィクショナルな物語を紡げる可能性がある」

カメラを担いで社会に飛び出し、そこから映画を作る。自分の中に物語を見つけることができなかったけれど、自分の外であれば何か物語を見つけることが出来るかもしれない。さっそく大学のドキュメンタリーコースを調べると、なんと教授はあの原一男ではないか。2回生の冬。コース選択が始まる前に研究室にいる原一男さんを訪ねた。

「2回生の満若と言います。『ゆきゆきて、神軍』面白かったです。僕もドキュメンタリーをやりたいです」

加えて、

「屠場のドキュメンタリーを撮りたいんです」と告げたような記憶がある。

ドキュメンタリーを志した時から『にくのひと』の構想は決まっていた。

大事なことは牛丼店で教わった

「なぜ『にくのひと』を撮ろうと思ったんですか？　もともと部落問題に興味があったんでしょうか？」

今でもよく尋ねられる質問の一つだ。答えは「いいえ」である。僕が屠場に興味を持ったのは、単純にアルバイト先の牛丼店で仕事をしているうちに、牛から肉になる過程に興味を抱くようになったからである。

朝6時。牛肉はスライスされパレットに何段にも積まれて店に運ばれてくる。フランチャイズなので特製タレがあり、そこに牛肉を投入し、玉ねぎを加えて煮る。そして米の上に盛り付けて提供するまでが仕事だ。

僕の働いていた店舗は店長いわく、1日の牛丼提供量がトップクラス。ピーク時はとにかく休む暇もない。高校2年生から働き始めておよそ4年間、新人は入った傍《そば》からどんどん辞めていくキツい職場で、結局僕がずっと最年少だった。主な仕事は、朝一番にピーク時に備えて予め牛肉を調理しておく仕込みと、ピーク時の炊飯、洗い物だった。慌ただしい戦場のような調理場で、4つ以上年の離れた先輩たちと、洗い物をしながら次の作業はどれにすべきか一瞬で判断する。炊飯する量を判断するのも仕事で、来客が予想より増えれば予定より多く米を炊く。

ごくまれに予想外の来客で炊飯が間に合わないことがあった。そんな時は店長のカミナリが落ちる。

「米‼　ないんか！」

「あと4分で上がります！」

「切れてるやないか！　お客さま大変申し訳ないです。少しお待ちください！」

身体を動かしつつ、先を予測して効率よい段取りを考えるこの仕事はバイトだろうが仕事に責任感を求められるし、冬場でも汗だくになるくらいキツイ。けれど、自分の裁量で判断できるので、やりがいは強く感じていた。この経験が、のちのち撮影現場で助手をする時にも生きてくることになる。

余談だけれど、当時はお金をもらえるアルバイトの方が高校で勉強しているより何倍も楽しくて、僕は他のアルバイトも転々としながら最終的に牛丼店とコンビニのバイトを掛け持ちして週6日くらい働いていた。結果、勉強の方が疎かになって高校の成績は中の下だった。

「何やってんねん‼　米切らすなよ‼　盛り付け遅い！　アカン、変われ！」

店長は厳しい人でよく怒られたけれど、理不尽なことは言わないし仕事できちんと成果をだせば認めてくれる人だった。そういえば、冷蔵庫に醤油とか、生姜《しょうが》のすりおろしなどの調味料を隠し持っていて、「こっちの方が美味《うま》いやろ」とか言って味付けをアレンジしていた。本社から社員が来ることがたまにあるのだけれど、その時は「調味料を冷蔵庫の奥に隠しとけ！」

と隠蔽工作を行っていた。美味しい牛丼を提供するためには手段を選ばない。強《したた》かで牛丼に対する真摯な仕事人の姿勢が面白くて、店長に好感を抱いていた。

話を戻そう。僕が肉の生産工程に興味を持つようになったきっかけは、2003年にBSEによるアメリカ産牛肉輸入禁止措置で、それまで仕入れていたアメリカ産牛肉からオーストラリア産牛肉に切り替わるという出来事があったから。見た目はほぼ同じだけれど、肉質がオーストラリア産の牛肉の方が少し硬く、味が少し変わったことを覚えている。

遠いアメリカの出来事で、目の前にある肉の産地が変わる。アルバイトとしては些細な出来事だけれど、この時、僕は調理する肉の産地を意識しだした。そして、牛肉を日々調理するなかで、「牛から肉になる過程を知らない」ということに疑問を抱くようになったのだ。少し調べると、日本では屠畜《とちく》の仕事は部落問題と密接に関係していることもあり、その仕事や携わる職人さんが表には出づらい現実があるということだった。

でも僕たちは日々お肉を食べているし、調理している。その生産を担っている人を差別するのは、そもそも間違いなのではないか？　だったら自分の目で見て感じてみたい。そんな思いを抱くようになった。

原一男監督の下で

僕が部落問題を認識したのは、『にくのひと』を作ることになってからだ。作品を作ったあとに知ったのだが、僕が育った地域は被差別部落に隣接していて、小学校も出身者が多く通う学校だった。多くの人が抱く、改良住宅が立ち並ぶ被差別部落のイメージは、まさに自分の故郷の風景そのものだった。しかし、被差別部落に近かったからなのか、学校で同和教育的な授業を受けた記憶が一切ない。だから「部落」や「同和地区」という言葉すらよく知らなかった。当時の僕は部落問題を身近な問題ではなく、遠くの社会問題の一つとしてとらえていた。

2007年。大学3回生になると学生はそれぞれコースを選択し、担当教授の指導の下、1年かけて作品制作に取り組む。僕たちの学年は200人くらいいたが、大半は一番人気だった劇映画コースを選択していた。僕は迷うことなくドキュメンタリーコースを選択し、屠場（食肉センター）を舞台にしたドキュメンタリー映画『にくのひと』を企画した。この年、ドキュメンタリーコースを選択した学生は僕を入れて5人もいなかった。

担当教授だった原一男さんは面白い経歴を歩んできた人だった。写真学校で写真を学んでいた原さんは、脳性麻痺者による障がい者自立運動団体・青い芝を描いたドキュメンタリー映画『さようならCP』（72）で監督としてデビューする。原さんはデビュー時から監督をしながら自分でカメラを回すスタイルだった。このスタイルは、デジタルカメラ全盛期の現代ではごくごく当たり前の光景だけれど、まだフィルム撮影が一般的だった時代では珍しかった。そして2作目『極私的エロス・恋歌1974』を作ったのち、『ゆきゆきて、神軍』までの間、劇映画の世界で撮影部、演出部として現場を渡り歩いていった。

現場からのたたき上げの映画人である原さんの講義はとても実践的だった。どのように撮影するか、マイクはどこを狙って向けるのか、インタビュー撮影のアングルや目線、書き起こしの作り方……理論ではなく身体で覚える講義が続いた。

原さんの講義で記憶に残っている言葉がある。

「ドキュメンタリーは被写体の欲望を撮ること」

これがまず原さんから教えられたドキュメンタリーの基本だった。これまで青い芝の活動家や奥崎謙三を撮ってきた実に原さんらしい考え方だと思う。「被写体の欲望をあぶりだし、作り手ががっぷりと四つに組む」それが、原さんの方法論だった。その後、『ニッポン国vs泉南石綿村』(18)の制作現場で、明確な欲望を抱かない被写体に四苦八苦する原さんを見ることになる。当時、この言葉はあまりにも原さん独自の方法のように感じて僕には響いていなかった。しかし、『私のはなし　部落のはなし』を作る時に、この言葉を思い出すことになる。

もう一つ覚えている言葉があった。

「ドキュメンタリーは頑張れば頑張るほど面白くなる。だから頑張れ」

原さんは桃井かおり主演で『またの日の知華』(04)という劇映画を監督した。しかし、これが大失敗。役者をどう演出したらいいのか分からなかったそうだ。

「劇映画はセンスがないと面白くならない。けど、ドキュメンタリーは頑張れば面白いものが作れるんだ」

失敗談をもとにした原さんの話はとても説得力があった。もちろん頑張り方にもいろいろあるが、努力がある種の「面白さ」（芸術性ではない）に直結しやすいジャンルがドキュメンタリーともいえる。劇映画を諦めた僕は、背中を押されるような気持ちになった。

講義では原さんの話に加え、彼の日本映画学校時代の教え子の作品『アヒルの子』（小野さやか監督・10）『home』（小林貴裕監督・01）、小川紳介の三里塚シリーズなどを原さんの話を交えて観せてくれた。

佐藤真監督の『阿賀に生きる』（92）も原さんの講義で観た作品の一つだ。ドキュメンタリー映画の撮影のお手本として、「映画っていうのはこう撮るんだぞ」と教えられた。「ドキュメンタリーは撮影が大事だ」。これもカメラマン上がりの原さんらしい教えの一つだった。

角岡伸彦さんとの出会い

『にくのひと』の企画は、原さんから「色々と難しいかもしれないけれど、とにかくやってみろ」と言われ、制作を進めることになった。

早速あちこちの食肉センターに「大阪芸大の学生です。食肉センターのドキュメンタリーを撮りたいのですけれど……」と問い合わせてみた。しかし、「難しいです」「職員のプライバシーがあるので」と断られ、取材先を見つけられずにいた。

そんな時、「屠場を撮りたいんですよね」「屠場？　無理だろそんなの？　部落問題はどうするんだよ」と周囲の映画人から、初めから無理だと決めてかかられたことを思い出した。屠場、そして部落問題がデリケートで取り扱いが難しいと思われていることは、本を何冊か読めば分かる。けれど難しいと諦めるにはまだ早いし、何より頭でっかちな映画人たちの態度が頭にきて意地になっていた。

どうしたものか……と悩んでいた時、問い合わせをしていた東京の「お肉の情報館」の方から、「関西に食肉に詳しいライターがいるから彼に相談するといいですよ」と、ノンフィクション・ライターの角岡伸彦《かどおかのぶひこ》さんを紹介してもらった。この角岡さんとの出会いが僕の人生におけるターニングポイントの一つとなるなんて、その時は思いもしなかった。

さっそく角岡さんにコンタクトを取り、大阪市内の喫茶店で会うことになった。

「屠場を撮りたいということやけど、なんで屠場に興味を持ったの？」

「高校2年の時から牛丼店でアルバイトしてたんですよ。バイトで毎日、肉を触ってたんですが、牛が肉になるまでを1回も見たことがなかったんです。それが自分の中でずっとひっかかってて、大学に入って映像作品にしてみようかなと。撮影がダメならダメでいいんですよ。でも、その理由を僕の目の前で言ってほしいんです」

ダメならダメで、納得してから諦めたい、そんな想いがあった。大事なのは自分の納得感。諦めるにも理由が必要なのだ。

「わかった。そしたら加古川の食肉センターを紹介するから一緒に行こうか」

角岡さんは「そんなん無理やで」と初めから決めつけることはなかった。僕の話をきちんと聞いたうえで、無駄足になるかもしれないにもかかわらず付き合ってくれることになった。「立派な大人だな」。それが当時20歳だった僕の、角岡さんの第一印象だった。

角岡さんと向かったのは、全国各地の肉をテーマにした角岡さんの著作『ホルモン奉行』(解放出版社)に登場する兵庫県加古川市の加古川食肉センターだ。大学のある南河内から加古川まで車でおよそ3時間。移動中に角岡さんからこんな質問をされた。

「満若くんはどんな映画観るの？ 俺はけっこう映画観るで」

僕はこの手の質問が苦手だ。もともと映画好きではないし、大学に入ってからも講義とアルバイトの日々でゆっくり映画を観る時間もなかった。それにこだわりがあまりない方なので「好きな○○は？」という質問そのものが子どもの時から苦手だった。じっくり考えれば思いつくかもしれないけれど、なかなか即座には答えられない。だから角岡さんにも適当に返事をしてしまった。

「そうですね、やっぱり『ゆきゆきて、神軍』ですかね。最近は森達也さんの『A』が面白かったです。劇映画とかだと『イージー★ライダー』とかは好きですね」

「そっか。スパイク・リーの『マルコムX』って観た？」

「いや、観たことないです」

「ほんまに？『マルコムX』は観た方がいいわ。それに映画作るんやったら色々観た方がいいで」

取材者の大先輩として諭されたのであった。制作費を捻出するためにはアルバイトに精を出すしかなかったものの、正論すぎて反論ができずちょっと悔しい思いをしたことを覚えている。今でも大学時代にもっと映画を観ておけばよかったなとつくづく思う。

中尾政国さんとの出会い

阪神高速を降りて加古川バイパスを一路西へ。巨大な加古川を渡ると15分ほどで加古川食肉センターに到着した。

事務所で角岡さんに紹介されたのが理事長の中尾政国《なかおまさくに》さんだった。中尾さんはホンジャマカの石塚のような恰幅で、眼光は鋭いが笑顔がとてもチャーミングな方だった。

「初めまして。大阪芸術大学で映像を学んでいる満若と言います……」

取材交渉はいつだって「断られるかもしれない……」と緊張してしまうものだ。ここまで断られ続けてきて、ようやくたどり着いた直接の取材交渉。とにかく一生懸命に映画の主旨を説明したように思う。情けないことに、唯一覚えているのは、中尾さんが「わかった。頑張りや」と即座に撮影を承諾してくれて、とても驚いたということだけだ。

同席していた角岡さんがその時の中尾さんが言ったことをネットの記事にしていた。

「最近、若い人も捨てたもんやないと思うようになったんや。こないして肉のことを勉強したい言う若い子がおるのは嬉しいことやん。もっと我々もオープンにして、いろいろ見てもらうようにせんとあかんと思うんや」

（ふらっと「偏屈でも、いいかな？　番外編　大学生、屠場を撮る」２００８年４月４日
https://www.jinken.ne.jp/flat_special/2008/04/post_13.html）

角岡さんも中尾さんの即断即決に驚いたようだった。

「オーケーしてくれてよかったなあ。ホンマびっくりやで。撮影頑張りや。出来たらまた見せて！」

中尾さんは次の時代をつくる若者に期待を込めて「新しい人間」と呼んでいた。だから屠場をオープンにすべきだと語り、20歳の若造だった僕を受け入れてくれたのだ。

角岡さんから中尾さんへ。奇跡的な人のつながりによって『にくのひと』の取材が始まった。

「職人さんと内臓屋さんとかいろんな人がいるから、それぞれ了承を得てからやな。あとは途中で投げ出さずに、ワーとかキャーとか絶対言わないように、とにかく真面目にやりや」

中尾さんから初めにこう言われた。食肉センターには屠畜作業を行う職人さんだけでなくいろいろな人が出入りしている。内臓を処理する内臓屋さんや、衛生検査を行う獣医さん、枝肉を買い付けにくる肉屋さん、事務員の方や設備の方……牛から肉に加工して出荷するまでに多

くの過程があり多くの人が関わるということを初めて知った。

撮影を始める前に、まず食肉センターを案内してもらった。職人さんたちに挨拶をしながら解体工程を見学。次に中尾さんから屠場で働く職人さんたちを紹介してもらい、出演のお願いをした。

「理事長がええっていうんやから、ええで」

理事長の中尾さんに対する職人さんたちの信頼があるからだろう。取材交渉や撮影の準備はスムーズに進んだ。

牛の解体は『ある精肉店のはなし』（纐纈《はなぶさ》あや監督・13）で登場したような1頭ずつではなく、ライン式といって流れ作業で行われる。その流れに沿って解体工程を丹念に撮影した。

また、職人さんに聞いたこの仕事を始めたきっかけや部落問題に対する考え、主人公となる若い職人さんの日常、中学生が社会科見学で食肉センターを訪れる場面、セリで価格が付けられ出荷される枝肉……などを撮影していった。そのなかで、何より僕が興味を持ったのは、その解体作業が厳しい衛生基準をクリアするために、各工程ごとに専用機材を用いるシステム化された世界だったことだ。

「このマシンは一体なんだろうか？」と食肉センターの機械担当の方に説明してもらおうと思ったら、別の方が乱入して二人で笑いを交えながら楽しく解説してくれた。『にくのひと』でいちばん笑いが起きた場面だった。これらの場面を2007年の7月〜8月にかけて撮影した。

企画意図

夏休み前に原さんに屠畜工程を短く編集して報告する機会があった。原さんは「屠畜という作業を撮るけれど、露悪的な作品にするなよ」とのアドバイスをくれた。解体工程だけを見せたので、「牛が死ぬ衝撃的なシーンを作品の売りにするな。ちゃんと人間を描け」ということだろうと理解した。初めてドキュメンタリーを作る学生が、訳も分からず差別と偏見を助長するような映像に仕上げる可能性があったわけで、「ちゃんと人間を描け」という原さんのアドバイスは実にまっとうなものだった、と今になって思う。しかし愚かな僕は当時そのアドバイスを聞いても「もともとそのつもりなのに原さん何言ってんだろう?」とピンと来ていなかった。そもそも『にくのひと』のコンセプトはシンプルで、そこで人が作業している、その人の存在を前面に出す、というものだったからだ。

映画の方向性を考えるうえで、角岡さんの『被差別部落の青春』（講談社文庫）には大きく影響を受けた。部落問題をテーマにしながらも、「人の魅力」を前面に押し出すことで、多面的で広がりのある普遍的な人間ドラマになっているとても面白いノンフィクションだ。こんな読後感の映画を撮りたいと思い、「テーマではなく人を撮る」という方向性を定めた。加えて、講義で観た『阿賀に生きる』が新潟水俣病という大きなテーマではなく、阿賀に生きる人々の営みを撮影したものだったことも影響した。

ＰＣのデータを調べていたら、撮影に入る直前に提出した企画メモが見つかった。今見るとなんともお粗末なものだが、『私のはなし　部落のはなし』の基本コンセプトと通じるものがある。もしかしたら僕のドキュメンタリー作りの基本はあまり変わっていないのかもしれない。

企画意図

私達はほぼ毎日「肉」及びその加工品を食べている。しかし、私はその「肉」がどのような過程を経て「動物」から「肉」になるのか知らない。複雑化する現代社会は、「始まり」と「終わり」を結ぶ大切な過程を見えなくしている。かつては、どこの家でも食べるために鶏をつぶす光景が見られたというが、今では鶏でさえ、肉になる過程を知っている若者は少ない。まして、牛や豚などの哺乳類になると、知っているのは、ほんの一握りの人間だけである。

私は「肉」を食べるのが好きである。「肉」無しの食生活など考えられない。だからこそ、私は知りたい。そして「肉」を食べている人々も知るべきである。「動物」から「肉」への過程、「食=命を喰う」という事実を。

このドキュメンタリー作品は、「命を喰う」という厳粛な事実を、目を逸らさず真正面から描こうと思う。

（中略）

そして、これまで3ヵ月ほどの取材を経てこの作品の切り口となりそうなものを見つけた。つまり、屠場を通して最終的に表現されるものは「一肉消費者としての自分」ではないのだろうか？　ということである。彼ら屠場職人や関係者は私達を写す鏡であると思う。だから今回私は、「一肉消費者」としてカメラを回し、「消費者」としての自分の立場が屠場を知る事でどう変化するかをこの作品に投影したいと思う。

撮影を始めてからの指導も実践的で、撮影した素材を見せては、こういう風に撮った方がよい、などと、机の上に座りながら原さんが熱く語りかけてくる。そんな講義だった。

今振り返ると学生時代にドキュメンタリー論や体系的なドキュメンタリー史といった理論をもっと学んでおけばよかったと思う。大学卒業後、映画美学校や日芸、日本映画学校の卒業生などと会って話をすると、映画やドキュメンタリーに対する基礎的な教養が明らかに足りていないことを痛感して、悔しかった。

けれど原さんの元で学んだことを後悔しているわけではない。「初めての映画づくりなんだから、とりあえずやってみてそこから学ぼう」という方針の原一男ゼミは、基本的に向こう見ずで「やってみな分からんでしょ」という性格の僕にはとてもぴったりなゼミだった。大学では身体でドキュメンタリーを学んでいたともいえる。もし原さんが先生ではなく、高尚な理論が先行する講義を受けていたならドキュメンタリーを続けていなかったかもしれない。

屠場の哲学者

中尾さんは、２０１６年に癌で惜しくもこの世を去った。中尾さんには撮影の最初から最後まで、そして『にくのひと』を封印するまでとてもお世話になった、僕の人生においてかけがえのない人物だった。こんなことならもっといろんなお話を聞いておくべきだったと今でも後悔している。

角岡さんは「屠場の哲学者」というタイトルで追悼の文章をブログに掲載した。少し長くなるが、僕が知らないエピソードもあるので一部を抜粋する。

　今月初め、兵庫県にある加古川食肉産業協同組合で、長らく理事長を務めていた中尾政国（まさくに）さんが亡くなった。牛や豚を解体する屠畜場（屠場）の最高責任者で、昨年秋に肝臓ガンが見つかり、闘病中だった。享年64。

　満若君は、作品が完成する前に、中尾さんに試写を依頼した。「これでいいんやろか」という不安があった。何しろ屠場を撮るのは初めてである。すると中尾さんは「仮にも表現者なら、自分の表現を貫き通せ。人に検閲なんかさせるな」と言ったという。

　アマチュアの映画人を一人前扱いした上で、屠場の撮影を許可し、自由に撮らせ、内容には一切口出ししない。実にかっこいいではないか。どんな職業にも貴賤があってはならない、食肉解体もまた重要な仕事である、という強い信念と寛容さを持ち合わせた、稀有な人だった。

なぜ、中尾さんがそのような考えを持つに至ったのか。私はご自身の個性に加えて、時代背景があったと思う。いわゆる全共闘世代で、高校時代には進学校の生徒会長を務め、高校全共闘の闘士だった。

「あのころは、毎日が生きている実感があった。あんな楽しい時代はなかった」

遠い昔を思い出し、私にそう語っていた。教師を目指して神戸大学教育学部を受験したが失敗。親の跡を継ぎ、肉牛の肥育や牛肉の販売にたずさわった。正真正銘の読書家で、満若君と会いに行ったとき、何を読んでいるのかを尋ねたら、現象学のフッサールの名前を挙げた。聞いたから答えてくれただけで、それをひけらかす人ではない。

3年前の秋、地方都市から見た食肉産業の現在をテーマに取材させてもらった。インタビュー後の雑談で、マルクス主義・社会主義の話になった。

中尾さんは敬虔なマルクス信者である。とりわけチェ・ゲバラの信奉者だった。マルクス・エンゲルスが夢見た理想社会は、いまだ実現していない。ただ、実現していないだけで、理念は間違っていないとおっしゃっていた。ソ連崩壊後のマルクス主義者が展開する理屈である。

私とは思想が違ったが、マルクス主義者の屠場の親方がいるのも面白いな、と思った。私はその時、中尾さんに「本棚を見せてもらえませんか」と頼んだ。彼の思想の全体像をこの目で確めたいと思ったからである。

家から少し離れた場所に建てられた書斎に案内された。4畳半と6畳の部屋には、社会主義や哲学の書籍がずらりと並んでいた。本棚にはフッサールが書いた分厚い現象学の本もあった。一度読んだだけではわからなかったので、何度も読み返しているという。生物学や物理学など理系の本もけっこうあった。仕事から解放されると書斎にこもり、自分なりに思索を深めているようだった。沖仲仕をしながら独学で哲学を学んだエリック・ホッファーのようではないか。

さらに私を驚かせたのは、本棚の上にあった赤いヘルメットだった。高校時代にかぶっていたもので、赤ヘルの正面には「殺」の字があった。中尾さんは特定のセクトに属していたわけではない。「殺」の1文字は、動物の命を屠る生業を代々続けてきた自らのルーツと関係するのだろう。高校生の中尾さんは、自分の原点がふるさとにあることを悟っていたのではないか。そのヘルメットを捨てることなく、書斎の本棚に飾っているところに、中尾さんの起点を見たような気がした。自らの原点と革命の精神を、いつまでも持ち続けていたのである。

（「五十の手習い　屠場の哲学者（1）」２０１６年８月16日 https://kadookanobuhiko.tumblr.com/post/149006511289/）

『にくのひと』の撮影時、食肉センターの事務所で中尾さんから色々なお話を聞いた。僕が今でも覚えているのは、青年時代に加古川市の上空を米軍機が飛んでいく姿をみて「あれが戦争をしに行くんか」と、遠くのベトナム戦争をリアルに感じたという話。敬愛するチェ・ゲバラの話や、「昔は俺も偽善が嫌いで寄付とか好きやなかったけど、でも今はやらんよりはやる偽善の方がいいと思うようになった」といって、故中村哲氏のペシャワール会に寄付をしているという話もしてくれた。宇宙論を語ったり、「人間死んだらただの塵になるんやで」とその即物的な死生観を語ってくれたり、「思想は左翼やけど、心情は右翼やねん」と笑い話をしたり、かと思えば事務所でカップ焼きそばを食べながら「この味がなんかええねんな」と事務の女性とおしゃべりしていたり。

不思議なもので、同じ言葉でも発話者によっては口先だけでなんの説得力を持たなかったりする。けれど、中尾さんの言葉に宿る説得力と存在感はとても魅力的で、彼の言葉には人に伝わる力があった。

中尾さんは『にくのひと』のインタビューの中で、屠場への差別について、そして屠場をオープンにする意義についてこのように語った。

中尾「こういう仕事する人がおらな肉が食われへんということはみんなが知っとかなあかんことやねん。せやなかったら、一人一人、みんな肉食うときに自分で牛殺さなあかんやん。そんなことは出来ひんやん。だから、そういうことをしてる人に、例えばやで、差別意識もっとったって肉は食うやん。それやったら肉食うたらあかんやん、極端に言うたらよ。

殺生はいかんでとか、牛殺す人はアカンで、とか思うんやったら、お前肉食うなよって思うやん、こっちにしたらよ。肉は食いたいけど、作業してる人はおかしい（引用者注・差別する）ていうのはそら絶対おかしい」

今回の執筆にあたり、中尾さんのインタビュー起こしを読み返してみた。僕が多くを語るよりも彼のインタビューを多く掲載する方が良いだろうと判断し少し長くなるが掲載する。中尾さんの部落差別に対する見識はとても鋭い。

中尾「部落差別は無いこと無い。そら、下へ下へ潜っていくねん。んで、お金持ちとか貧乏人とかあってな。たとえば貧乏人が一生懸命努力して金持ちになったらよ、貧乏としての差別は無くなるわ。そら成り上がり者や何やて言われる可能性はあるけど、それでも貧乏人としての差別は無くなるやん。だけど、部落の場合は、身分差別みたいなもんは、金持ちになろうが、なんぼになろうが、あいつは部落やがないうので一生消えへん。それが問題やねん。

差別ちゅうのはこう……重層的にちゅうか、重なっていくねんな。僕はいつも人に言うけど、ほな部落の者はたとえばお前は部落やゆうて、差別されたらゴッツい怒るやん。怒るけど部落の中の連中では、朝鮮人はな、って差別しおんねん。ほな自分は差別されたら怒るのにやっぱ人は差別すんねん。そやろ。ほな部落の中でも金持ちや貧乏やて差別はあるし、そら一概には言われへんのや。いっぱい入り組んできとうからな。だからなかなか差別って難しいねん。何か人間の業かなって思うことがある」

満若「（中尾）政国さん自身は差別意識をもっていますか？」

僕の問いに、中尾さんは、たとえば障がい者が話す際、口元から垂れるよだれを目にして、自身を許せなくなる強い拒否感がこみ上げるのだと打ち明けた。

中尾「これは絶対に差別意識やねん。そらそのとき繕うて、ああとか言うて拭いてやで、いや人間皆平等ですよって言うのは簡単や。そんなこと誰でも言えるんや。けど、俺は差別意識を持ってるという自分を自覚することはゴッツ大事なんや。俺は出来ひんねん正直よ。もう生理的に受け付けへんねん。ホンマに。せやから、俺、障がい者の人、（引用者注・障がい者を家族に）もってる人ごめんなさいって必ず言うんやけどな。だけど、そらしゃあない。自分ではどうしようもない感情やねん。せやけど、それは汚いと何とも思わんと真心込めて出来る人がこの世の中には絶対おんねん。そういう人は絶対もっと優遇されなあかん。

だから、人間俺だけは差別意識が無いとか、そんなん思ったらアカン。絶対ある。差別意識が無くても、たとえばな、常に立場をかえたらな、いつでも加害者やゆう意識をもっとかなあかん。

僕がこないだから言うてる、中国か何やで皆大騒ぎしてるやん。安いもん食って、着るものでも何でも中国で作って安いって。それは、後進国といわれてる国の給料水準が安いので、安いもの作って先進国の奴が楽に暮らしてんねん。ほならそれは生き血吸うてんねん。こんなん吸血鬼やんか。結局、俺らはそんな意識ないて言うけどそら加害者やがな。

だから今言うたみたいに、僕ら部落として、どうのこうのって、部落差別やなんやって面からみれば被害者やけど、さっき言ったみたいに、やっぱり今の世の中、そうやって朝鮮人差別やっていろいろあるやん。それに対して加害者やがな。俺ら部落やねん、差別されてんねんて、そんなことばっかりで運動しようとするからおっかしなるねん。絶対人間加害者やってことを覚えとかなアカン。それなくして絶対連帯なんか出来ひんて。

こういう言い方は酷かもしれんけど、要するに部落でない人と部落の人がいるやんか。これは別にこの人が差別意識を持っているか持っていないかは関係ないねん。その時点で、その関係性で、もうコレは既に加害者やがな。その面だけでみるとな。

んで、俺は部落民でそういう意味では被害者やけど、対朝鮮人問題になると、俺はもう日本人やっていうだけでこいつは加害者なんや。そういうふうにずっとそう、重層的に重なってきて。けど絶対、被害者やっていう意識がずっとあると一生こんなもん分からへんねん。自分が差別される痛みも分からへんねんて。だから加害者やっていう気持ちは絶対もっとかなあかんねん。そやから俺はずっと持ってる。

だからさっきみたいに障がい者の話になっても、ホンマに加害者やって立場は思ってるわ。差別意識は絶対ないって言わへん俺は。あんねんて。ええわるいちゃうねん。どうしようもないんやホンマに。

だから、今言うたみたいに、そうやって自分は思うのにそれを何とも思わんと出来る人は絶対尊敬されなアカンねんて。そういう世の中にしていかなアカンねん絶対。んなら世の中に差別は無くなるし新しい人間が生まれてこなあかんねん。そういうとこから新しい人間が生まれてくるねんて。って俺は思うわ」

『私のはなし　部落のはなし』を作るにあたって部落問題との向き合い方は、中尾さんから実は教わっていたと読み返して気付いた。でも当時の僕は、被差別部落には行ったけれど、中尾さんの考えを肌感覚として受け止めるだけのリアリティを持てていなかった。

『にくのひと』が完成して

２００７年10月。『にくのひと』が完成した。初めての作品づくり。自分ではできることをやったが、自信が今一つ持てなかった。だから、大学に提出する前にまずは中尾さんに観てもらおうと思った。

「満若くん、それは検閲っていうんや。表現者はちゃんと自分の表現に対して自信もって出さなあかんで」

と、中尾さんに諭された。この言葉は今でも表現するうえでの礎となって僕の中で生き続けている。中尾さんに諭されて、自分としてはコレで行くという形で60分の映像にまとめた。ドキュメンタリー映画『にくのひと』が完成した。

その後、協力してもらった職人さんたちに観てもらおうと食肉センターで上映会を行った。職人さんは午前中は食肉センターで働き、午後からは別の仕事に行く場合が多い。そのため、夕方ごろに上映会の予定を組んだ。しかし職人さんは「忙しいから」と誰も見に来なかった。「どう撮られてんのか気にしてるんやったら、撮影なんてできひんかったやろ。こうやって、気にしないのがここのええところかな」と人気のない上映会場で中尾さんと二人で話をしたことが記憶に残っている。

3回生で制作した作品は学内のホールで上映される。そして観客のアンケートで最も高い評価を得た作品に与えられる観客賞を『にくのひと』が受賞した。同級生たちから「面白かったよ」と言われたことがとても嬉しかった。「屠場、部落問題だから難しい」そう決めつけなくて本当によかった、何事もやってみるべきだと実感することができた。

『にくのひと』制作の立役者、角岡さんにはお礼とともに約束していたDVDを送った。

「メッチャ面白いやん。実はあんまり期待してなかってん。君才能あるで」

角岡さんは学外でいちばん最初に『にくのひと』を評価してくれた。そして、角岡さんが「ふらっと」という人権ネットワークのサイトに「大学生、屠場を撮る」という記事を掲載したことで、マスコミや人権啓発に関心のある市民から『にくのひと』に注目が集まるようになった。２００８年には部落解放・人権研究所が主催する「第39回部落解放・人権夏期講座」で上映され、僕と中尾さんが呼ばれて話をすることに。それ以降、部落問題や人権をテーマにした上映会に呼ばれるようになった。昔の資料を見返してみると大阪府の北芝や豊中市、松原市や滋賀県でも上映された。ちょっと変わったところでは、ＴＢＳの社内研修で上映とトークがあり、僕と中尾さんが東京まで行って話す、なんてこともあった。

2 大学卒業と辻智彦氏への弟子入り

卒業制作

２００８年。僕は大学４回生になった。卒業制作では離婚した父と母を撮影し『父、好美の人生』というドキュメンタリー映画を制作した。両親は僕が17歳の時に別居し離婚した。離婚の原因はいろいろあったが、その一つに奄美大島出身の父の独特な「宗教観」があった。それが少なからず僕の人生にも影響を与えることになり、僕は親を恨んだ。卒業を控え、社会に出る前に、自分の親が何を考えているのか確認しておきたかった。家族と正面切って向き合うことは、面倒だし精神的にも負荷がかかる。きっと映画という場を「言い訳」として使わなければ、僕自身やろうとも思えないことだっただろう。

映画は、父と、離婚した母、そして息子「僕」の人間関係を描いた。この作品は、原さんから全面的なやり直しを命じられるほど編集に苦労したが、その甲斐あって『父、好美の人生』は学長賞を取ることになった。

卒業制作は評価された一方で、制作を言い訳に就職活動を全くしていなかった。僕は面接の練習をしたこともなければ、エントリーシートの書き方すら知らない。そもそも就職に対して真剣に考えておらず、ただ卒業後は漫然とどこかで下積みをしようと思っていた。三里塚を撮った小川紳介、水俣を撮り続けた土本典昭というドキュメンタリー界の二大巨匠も岩波映画で下積みをしてから独立している。学科長の大森一樹氏も「お前らちゃんと下積みしろよ。俺は下積みをしなかったから右下さがりなんだ」と言っていて、それは妙に説得力のある言葉だった。だから「まあ、原さんの疾走プロで働けばいいか」と楽観的に考えていた。けれど原さんに進路を相談したら思わぬ返事が返ってきた。

「うちは給料払えないから、ちゃんとしたところで働いた方がいいぞ。働くなら撮影部の方がいい。俺もそうだったんだが、撮影部の方が、演出や現場を引いて見られるから勉強になるんだ」

人生はそれほど甘くない。僕の安易なプランは崩れさり、卒業を間近に控えるなか働き口を探す必要に迫られた。「これはマズイ」。そんな時に「俺の連れ合いの弟がなんか映画のカメラマンやってるみたいやで」と角岡さんが言っていたことを思い出した。やはり頼りになるのは角岡さんしかいないと、なりふり構わず相談した。

「すいません、実は就活してなくて……カメラマンをしている義理の弟さんを紹介してくれませんか？」

「ほんまかいな。わかった、ええで。今度東京行くときに行こか。あと、テレビマンユニオンにも知り合いがいるから会ってみる？」

「ぜひお願いします」

09年2月。こんな調子で僕の就職活動は始まった。そして『私のはなし　部落のはなし』の撮影を担当した辻智彦さんと出会うことになる。

就職活動

まず向かったのは、東京・青山にある映像制作会社大手のテレビマンユニオン。数多くのテレビ番組を制作し、是枝裕和監督もこの会社でドキュメンタリーを作っていた。TVドキュメンタリーを目指すなら誰もが知っている会社だ。

通された会議室で、角岡さんから紹介されたベテランディレクターに僕は諭された。

「うーん中途だと契約社員でADにはなれるけど結構大変だよ？　自分で這い上がれるならいいけど、君の話を聞く限り、自分で制作したいならアルバイトしながら作った方がいいんじゃないかな？」

正規募集の時期をとっくに過ぎたこのタイミングで会社に入りたいと訪ねてくるのは単なる愚か者だ。中途採用枠しか空いていないに決まっている。僕は下積みをしたかったが、自分がＡＤ業務をこなしながら器用に自主制作を続けるイメージがどうしてもできなかったので、この一言で諦めがついた。

次に角岡さんの義弟である辻智彦さんに会うため新宿へ向かった。待ち合わせ場所は指定された、新宿駅東口にある映画人御用達のお店、珈琲西武。当時の辻さんは、今より髪が長く、アーティスト然としたオーラを纏っていた。「大阪芸大の先生、佐々木原保志氏（代表作『ヌードの夜』など。学生からは「バラさん」と呼ばれていた）っぽいなあ、やはり高名なキャメラマンはこんな感じなのか」と勝手に納得していた。

原さんのアドバイスもあって、ＡＤよりは撮影部を志望していた僕は、辻さんの弟子入りを希望した。

「弟子にしてください」

「君、僕の映画みたの？」

「いえ、見てません！」

今思うとなんとも無謀であるが、辻さんは「変な奴だな」と面白がってくれた。「５月に若松孝二監督の新作『キャタピラー』の撮影があって助手を探しているんだけど、見習いで来れない？　ギャラが出なくて申し訳ないんだけど大丈夫かな？」

「大丈夫です。お願いします」

こんな無茶苦茶な経緯で辻さんへの弟子入りが決まった。辻さんが撮影していたフジテレビのドキュメンタリー番組「ザ・ノンフィクション」は関西では放送しておらず、『世界の車窓から』を撮影していたことは後で知った。辻さんの代表作『実録・連合赤軍　あさま山荘への道程』（若松孝二監督・07）も卒業制作に追われて観に行けなかった。

数日後、辻さんから連絡が入った。

「満若君、ちょっと2月に奄美大島で撮影があるんだけど、手伝ってもらえないかな？　自主制作映画で大浦さんという美術家が監督なんだけど」

「大丈夫です。行きます」

辻さんに弟子入りしての初仕事は、若松孝二監督ではなく、美術家・大浦信行さんの作品だった。『天皇ごっこ　見沢知廉・たった一人の革命』（11）というタイトルのドキュメンタリー映画は、新左翼から新右翼に転向して自死した作家・見沢知廉《みさわちれん》を描く、というものだった。

美術家でもある大浦さんの映画は、原さんのようにカメラを持って社会に対峙するドキュメンタリーの方法論とは大きく違った。大浦さんと辻さんが組んだ1作目の『日本心中　針生一郎・日本を丸ごと抱え込んでしまった男。』（02）は美術評論家・針生一郎《はりういちろう》が主人公だ。彼の語りと韓国の風景が軸となり、舞踏家の大野慶人による踊り、刺青を入れる場面、韓国の民族舞踏、山下菊二が描いた天皇の絵画など、一見、本筋とは関係なさそうな映像で構成された、非常に自由で感覚的な、コラージュに近い作品だった。

『天皇ごっこ』も、単なる証言ドキュメンタリーではなく、登場人物として見沢知廉の架空の妹役を設定していた。奄美では彼女と風景を中心に撮影を行った。風葬の洞窟、奄美大島の浜を歩いたり、ピンクの傘を燃やしたり、荒れ狂う海を撮影したり。「いったいこれは何を撮っているのだろうか?……」と戸惑いながらも、フィクション性の高い場面の撮影が続いた。

完成した『天皇ごっこ』は、見沢の友人や一水会のメンバーのインタビューと、奄美で撮影した映像などがコラージュされ、明確ではないけれど、一つの物語に収斂していく不思議なドキュメンタリー映画だった。インタビューシーンで、辻さんはレールを敷いてカメラ一台で撮影する方法論で撮影をしていた。だから『私のはなし　部落のはなし』を同じ方法で撮影したのは、ある意味必然であった。

「こんなドキュメンタリーもあるのか」

ドキュメンタリーの奥深さ、幅の広さ、自由さを、大学を出て初めて知った。僕の映像表現の源泉となった映画体験は、これまで見てきたものではなく、間違いなく大浦さんと辻さんが撮影した『日本心中』以降の作品群だ。そして『私のはなし　部落のはなし』にも繋がっている。

若松プロ

4月に上京してすぐは、大浦さんの映画以外に撮影助手の仕事はなかった。

「ドキュメンタリーの場合、撮影助手がつかないことが多いから、『キャタピラー』まで振れる仕事がないんだよね。でも現場には出た方がいいから、制作会社を紹介するんで、そこでしばらく働いてみたらどうかな」

辻さんの提案で、制作会社・グループ現代を紹介してもらい、NHKの教養バラエティ番組のADとしてしばらく働くこととなった。撮影助手をやったり、ADをやったり。落ち着かないのは性分なんだろうと思う。

いよいよ若松孝二監督『キャタピラー』の撮影が2009年5月から始まった。辻さんがメインのカメラマンで、今では大河ドラマなどの撮影で一躍有名になった戸田義久さんがBカメラだった。撮影助手の仕事は戸田さんに教えてもらった。撮影部のイロハを知らないで飛び込んだので、戸田さんに叱られながら経験を積んだ。戸田さんからは「ドキュメンタリーの撮影をしていたら映画の撮影もできるよ」と教えてもらった。田村正毅氏、山崎裕氏、辻さん、そして戸田さん。ドキュメンタリー出身の優れた撮影監督は案外多いのだ。

若松プロは『止められるか、俺たちを』で描かれていたように、最後まで熱気あふれる場所だったと思われる方も多いだろう。しかし、僕が参加して、知っている限り、若松プロの現場はとてもプロフェッショナルでクールだった。

若松監督は早撮りで知られている。『キャタピラー』では、いつも日暮れ前には撮影が終了していた。現地集合、現地解散だし、現場でダラダラしない。クランクアップした時も「はい、お疲れさん」と言ってすぐさま撤収。お祭り的な盛り上がりもなく、工事現場での仕事みたいだった。それが僕にはとても新鮮だった。

若松プロでは『11・25自決の日　三島由紀夫と若者たち』(11)から『千年の愉楽』(13)まで助手とBカメラを担当した。それ以降も色々な現場を通じて、辻さんからは多くのことを学んだ。構図の取り方や色の扱い方など撮影のイロハも当然学んだけれど、辻さんからもっとも学んだのは「撮影に臨む態度」だった。若松プロは劇映画ではあるがリハーサルがない一発撮りだ。若松監督と俳優さんに合わせて撮影をするから感覚的にはドキュメンタリーに近い。また、撮影機材に掛けられる予算も通常の映画に比べれば少ない。しかし、辻さんは、そんな制約を表現に変える力を持っていた。若松プロやTVの撮影で、辻さんが「できない」と言って折れた場面はほとんど見たことがない(もちろん物理的に不可能なことはハッキリと言う)。「もう大変だよー」と言いながらも、思考を巡らし創意工夫を凝らして、制約を表現へと結実させていった。それが何よりも辻さんの凄いところだと僕は思う。簡単に真似できることではない。自分ができること、できないことを正確に知っていなければならないし、撮影以外の知識や思想を十分に鍛える必要がある。さらに自分を現実にフィットさせて、そこから自分のペースに持ち込む柔軟な思考が何よりも必要になる。もし、自分に辻さんのような心構えがあれば『にくのひと』を封印するような事態にまで発展しなかったのかもしれない。

3　『にくのひと』上映中止

中尾さんの言葉

大学を卒業し東京に出てからも『にくのひと』の上映会は時々行われていた。もっとも規模の大きかったのは東京・新橋のヤクルトホールで開かれたアムネスティ・フィルム・フェスティバル09。さまざまな映画が鑑賞できるということもあり、多くの観客の前で上映された。その後も、中尾さんや食肉センターとの関係は続き、２００９年に、再び加古川食肉センターを訪れて、兵庫県の食肉衛生のＰＲ動画を制作した。今度は牛の出産から、肥育、屠畜、食卓までを描いた。

転機が訪れたのは10年に第1回田原総一朗ノンフィクション賞の佳作を受賞したことだ。受賞を機に一般公開の話が持ち上がり、中尾さんを通じて出演者の了解のもと、劇場で公開することになった。配給会社は『私のはなし　部落のはなし』の配給を担当している合同会社・東風だった。

上映劇場が渋谷のシアター・イメージフォーラムに決まり、試写会の準備を進めていた11月。部落解放同盟兵庫県連合会から内容に問題があると抗議を受けた。『にくのひと』制作時に兵庫県連には一度訪れており、加古川の被差別部落についてお話を伺っていた。そのこともあり、完成後にＤＶＤを送っていたのだ。

事態の対応にあたらなくてはならなくなり、12月に入っていた連続ドラマの仕事を、辻さんに頭を下げてすべてキャンセルした。

「ふつうは家族が亡くなったとか、そういうことにならない限り直前に仕事をキャンセルするなんてあり得ないよ……」

きっとこれで辻さんとの関係も終わりだな……と思った。

幾度か兵庫県連と話し合いを持つも、議論は平行線のまま、波紋は出演者にも広がった。そして主人公の青年から「もう映画には関わりたくない」との申し出があり、関係性が破綻。『にくのひと』の上映を中止して、封印することになった。

出演者との関係性が崩れた以上、どうすることもできない。原さんにも相談したが「出演者がそう言うなら難しいよな」との答えだった。

『にくのひと』は「日々にお肉を食べる以上は、屠場を知りたいし、もっと知ってもらいたい」そんな単純な動機で作り始めた。だから「やめてほしい」という出演者の意思を無視してまで劇場公開すれば、それは作品の根幹にかかわることになる。僕は映画を封印することしか出来なかった。

『にくのひと』をもっとも評価してくれていた角岡さんは、この件に憤慨していた。封印後、角岡さんからこの件に関する取材を受けた。中尾さんや兵庫県連にも取材を行い、14年に『週刊金曜日』に記事が掲載された。さらに16年に刊行された『ふしぎな部落問題』（ちくま新書）では大幅に加筆され、この一件の詳細が記されている。興味のある方はそちらを読んでほしい。

中尾さんにも『にくのひと』の上映を中止する報告をした。

「いろいろとご迷惑をおかけしました」

「残念やけど、彼（主役の青年）の意思もあるからな。次もがんばりや。満若君が監督として立派に活躍してくれることがいちばんの恩返しなんやで」

中尾さんの言葉がとても有難かった。この一言がなければ、僕はもう一度監督として頑張ろうとは思わなかっただろう。

翌２０１１年。辻さんは仕事を急遽キャンセルしたにもかかわらず、映像技術会社ハイクロスシネマトグラフィの設立メンバーに僕を誘ってくれた。もともと『にくのひと』の上映が終われば下積みに戻ろうと思っていたので、不義理を働いた僕を拾ってくれた辻さんへの恩返しだと思ってハイクロスの一員となった。そして、ＴＶドキュメンタリーの仕事や若松孝二監督の映画に参加しながら、撮影の仕事に精を出した。プロの世界で学ぶことはたくさんあったし、

「満若君、代々木に事務所を構えるから手伝ってよ」

自分の知らない表現や世界がそこにはあった。

一方で「部落問題はもういい」という気持ちになったのも事実だった。地元の支部から「この映画は地名総鑑と同じではないか」「出演者になにかあったりしたら責任を取れるのか？」と問いただされたことが、心の中で燻っていた。

中尾さんが言ったように、自分の立場を問われれば、僕は加害者側の立場だ。それを自覚させられたし、そこからどうやって新たな関係をこれから構築すればいいのか分からなかった。「責任を取れるのか」と言われれば、それは無理だ。誠意を尽くす以外にできることはない。一つのドキュメンタリーを作ったことで、これほどまでに取材先の人間関係を壊してしまう。部落問題だけでなく、現実にカメラを向けるドキュメンタリーの負の側面に戦慄した。

「部落問題はもうやらないの？」

「わからないですね。撮りたいものが出てくれれば別ですが……」

角岡さんに問われて僕は誤魔化した。角岡さんや中尾さんには大変お世話になったし、被差別部落そのものへの忌避感はなかった。けれど、「じゃあ、僕はどうすればよかったのか。これまでの上映会はなんだったのか」というどこへもぶつけようのない思いと、己の不甲斐なさに失望していた。だから映像制作者として「部落問題はもういい」と思った。

僕は監督としての自信も失っていた。だからTVの世界でカメラマンとして頑張ってみようと思った。けれど『週刊金曜日』『ふしぎな部落問題』と断続的に『にくのひと』の上映中止について掲載されたことで、僕は「封印作品を撮った監督」という肩書きから逃れることが出来なくなった。

中尾さんが癌になったと聞いたのは16年の初め頃だ。5月に角岡さんとお見舞いに行った。見るからに体調がすぐれない様子で、しばらく雑談したのち「どれくらいの段階なんですか?」と尋ねた。

「もう末期やねん」

覚悟はしていたが、やはりご本人の口から告げられるとその後どのように言葉を継いでいいのか分からなかった。

そして8月。中尾さんの娘さんから「父が亡くなりました」との連絡が入った。僕にとって親しい人が亡くなるのは初めての経験だったし、最期に立ち会ったわけでもないから、亡くなったという事実だけが独り歩きして現実感が無かった。けれど、お線香を上げに中尾さんのお宅に伺うと、そこにいつもいるはずの中尾さんの姿はない。

「監督として一角《ひとかど》のもんになるのが恩返しやで」

中尾さんに恩返しができなかったことが悔やまれた。僕はこれまで何をしてきたんだろうか。

20歳で中尾さんと出会い『にくのひと』を作ってから10年が経って僕は30歳になっていた。

4 「部落問題のドキュメンタリー映画」を作る

「早くしないと、『むかしのひと』になっちゃうよ」

角岡さんは率直な人で、お世辞は言わない厳しい人だ。だから信用できる。

これは、いつのことだか忘れてしまったが、角岡さんの年賀状に書いてあった強烈な一文だ。

「早くしないと、『むかしのひと』になっちゃうよ」

角岡さんが僕に「監督」として期待してくれていることの表れで、それはとても嬉しいことだったけれど、反面プレッシャーでもあった。そのころはまだカメラマンとしても駆け出しで、うまく撮れたと思うより日々反省することの方が多かった。だから「頑張ります！」といった適当なメッセージでお茶を濁していた。その後、角岡さんの年賀状は次第に「今年もよろしく」とか「あの番組みたよ」とか当たり障りのない内容になっていった。人間の気分とは妙なもので、期待されなくなると逆に角岡さんの期待に応えねば……という義務感だけが加速していった。そんななかで、２０１６年を迎えた。

僕にとって30歳は大きな転機だった。20代は下積み期間と考え、30歳を過ぎたら自分の才能を見極め、このままカメラマンとして生きるのか、キッパリ映像から足を洗うのか、いずれかの道を選ばなければならない。そういった制約を自分に課していたのだ。当初は監督としての自信を無くしていたが、ＴＶの仕事をカメラマンとしてこなしていくうちに、やはり何か作品を作りたいという想いが募っていった。

中尾さんは「監督」として応援してくれていたし、角岡さんもカメラマンではなく、監督としての「満若」に期待してくれていたのだ。

そんな時、角岡さんから「全国部落調査」復刻版出版事件が起きていることを聞いた。

「鳥取ループって知ってる？　ネット上に部落地名を挙げている奴がおってな。解放同盟と裁判になってるんや。いまはネットで部落の地名が分かるようになってて、部落問題が大変なことになってんねん」

振り返ると、いつも人生の重要な局面に角岡さんの存在があった。中尾さんが亡くなり、僕は30歳になった。そして、時を同じくして部落問題における大事件が起きたのだ。もう一度、監督としてドキュメンタリーを作るのであれば、テーマはやはり部落問題しかない。それは僕にとってとても自然なことだった。『にくのひと』は上映中止の一件も含めて、僕の中ではまだ終わっていない。「映画とは上映して初めて完成する」とかつて有名な映画監督が言っていた。

『にくのひと』を終わらせるために作る。『私のはなし　部落のはなし』はその想いから始まった。

映画を作る前に考えること

ドキュメンタリー映画を作る。まず決めなければならないのはテーマとその方向性だ。今回の場合、テーマははっきりとしている。問題は方向性だった。

ドキュメンタリーほど、自由な映像ジャンルはない。『教育と愛国』（斉加尚代《さいかひさよ》監督・22）のように報道色の強い作品から、『セノーテ』（小田香監督・20）のように物語ではなく感性に訴えかける映像詩的な作品まで、ドキュメンタリーというジャンルに括られる。大浦さんの『日本心中』もドキュメンタリーなのだ。この自由度の高さがドキュメンタリーづくりの面白さでもある。

部落問題をテーマにするからといって啓発映画を作りたいわけではない。結果的に映画が社会的な意義や広がりを持つことになれば、それは素晴らしいことだと思う。けれど、はじめから観客に「与える」映画は、映画を手段として利用しているに過ぎない。

最初から決めていたのは「面白い映画を作る」ということだ。この「面白い」は「滑稽」や「興味本位」といった意味ではない。「面白い」は最後まで飽きることなく観られる映画を作るうえでの最低条件だと思う。料理でいえば、単に栄養を摂取できれば味は二の次、というわけにはいかないだろう。僕の場合「面白い」は「強度のある」と言い換えてもいい。真に面白い映画は時代を越えて残るものである。監督として作る以上は、そんな映画を目指すべきだと考えていた。そして、部落問題をテーマにした映画を面白くするためには、必然的にドキュメンタリーとして部落問題がスクリーン上に立ち現れるようなリアリティが必要になる。シンプルだけど難問だ。

「なぜ差別がいけないのか？　自分は差別しないのか？　そもそも部落問題とは何か？　なぜ自分が部落問題に取り組むのか？　差別のある社会とは……？」

映画には、作り手の無意識が映り込む。だから、たとえ答えが出なくとも、どのような構えでテーマに相対するのか、が映画の土台となる。構えとは、つまり作り手のテーマに対する意識のありようだ。これが、たとえば「差別はいけません」といった、主語がない借り物だったりすると、手抜き工事をした建築物のように映画は瓦解する。寝ても覚めても部落問題について考える日々が始まった。

裁判の難しさ

映画を作ると決意した以上、とにかく一歩踏み出さないことには始まらない。まずは角岡さんから教えてもらった「全国部落調査」復刻版出版事件の裁判の傍聴から始めた。

日本の場合、法廷を撮影することは出来ない。裁判所前に集まる原告団と被告。そして原告による報告集会。取材できるのはこの二つの場面のみ。原告の取材を行うのは当然として、被告の宮部龍彦氏にも話を聞かないわけにはいかないだろうと考え、彼が代表を務めている出版社・示現舎《じげんしゃ》に問い合わせた。２０１７年2月11日。宮部氏と初めて顔を合わせた。彼の生い立ちから始まり、１時間半ほどかけて、「全国部落調査」を出版しようとした経緯などの話を聞いた。もちろん『にくのひと』の一件も彼は知っていた。

彼に話を聞こうと思ったもう一つの理由として、かつて僕が「地名」を出している、という点について抗議を受けた経験も関係がある。宮部氏は「地名」を明らかにしたことで、部落解放同盟から提訴された。『にくのひと』を封印した僕のありえたかもしれない姿ではないだろうか、そのような印象が当初はあったのだ。加えて僕は、部落問題で当事者性をもたない「他者」だ。その関係性の構造においては、宮部氏の立つ場所はどんなに離れていても同じ地平で繋がっていることは事実なのだ。まずはその事実から出発すべきだと考えた。

取材するからといって宮部氏を支持するわけではない。１９７５年に「部落地名総監」事件が発生した以上、「地名一覧」という存在が多くの当事者を不安に陥れたり、傷つけるであろうことは容易に想像できる。だから原告の取材をすすめ、差別体験の聞き取りや弁護団会議などを撮影した。裁判は現代の部落問題を考えるうえで重要な要素だ。これを続けていけば、おそらく裁判の映画は出来るだろう。しかし、裁判のみを軸にして自分が作るべき「部落問題についてのドキュメンタリー映画」が果たして出来るのだろうか。そんな不安を払拭できないでいた。

漫然と取材を続けるなかで、かつて学生時代に原さんの手伝いで参加していた大阪府泉南市のアスベスト被害を追ったドキュメンタリー映画『ニッポン国vs泉南石綿村』が公開された。

「満若、石綿肺って知ってるか？」

「ニュースでやってたアスベスト被害のことですよね？」

「そうだ。実はな、泉南のアスベスト被害を撮るからちょっと手伝ってくれないか」

原さんに声をかけられたのは『にくのひと』を作り終わった大学3回生の冬ごろだったと思う。映画は18年に公開されたが、制作がはじまったのは実に10年も前のことだった。

泉南の原告団が大阪地裁に国を提訴したところから取材が始まる。「手伝い」と一口にいっても、車の運転、音声、Bカメ、やることは色々ある。尊敬する原さんの現場だと頑張った。撮影は主に、裁判所に集まる原告団、報告集会、そして石綿肺で苦しむ日常生活などだった。僕がBカメラを回すのは裁判前の街宣や報告集会などだ。原さんが話している人を撮影している間、僕は聴衆やその状況を説明するカットを撮影していた。

撮影後は、原さんが大阪出張時に泊まる天王寺のホテルの一室で、僕が担当したBカメラの映像の確認をした。そして、「満若、このカットは使えんぞ。使えないカットを撮られると、手伝ってくれてありがとうと言えないじゃないか。もうちょっと頑張ってくれ」と褒められるより厳しいダメ出しをされることの方が多かった。辛いけど僕にとっては良い経験になった。

大学卒業後もまれに声が掛かり撮影を手伝うことがあったけれど、どうにもうまく撮れなかった。結局、最後まで僕は原さんのスタッフとして力不足だった。

裁判を描くのは難しい。アスベスト被害の裁判闘争を描くことに原さんも苦心していた。それに、これまでの映画と違い明確なスター性をもった人物がいない。原告団はみな生活者なのだ。

「これで映画になるんかいな」

車を運転しながら原さんがブツブツぼやく姿が今でも記憶に残っている。

僕の在学中から始まった撮影は10年をかけて完成した。そして、本編には映画づくりに悩む原さんの苦悩をそのまま映画のダイナミズムとして取り入れていた。『ニッポン国vs泉南石綿村』のタイトルで、215分の大作ドキュメンタリー映画として完成した。これまでの手法が通用しなかった原さん自身が出演者の一人として登場する。裁判を撮る難しさを乗り越えて、映画として「面白く」するために手段を選ばない、実に原さんらしい作品だった。

しかし、鑑賞後に僕はふと思った。原告の人物像とアスベスト被害の歴史を丁寧に描くことに成功しているが、被害者と同じ目線から撮影するだけでは被害を生み出した構造が立体的に見えてこないのではないか？　と。

この段階でまだ明確な答えは出ていなかったけれど、裁判の取材だけでは目指すものは出来ないと考え始めていた。

眼差しの差別　長野県隣人差別事件

差別事象を映像として表現するのは難しい。なぜなら表面化した時には差別が発生しているからその瞬間を撮影できない。とはいえ、やはり差別の痛みは部落問題の中心点だ。まずは差別事象を取材したいと考えた。

２０１８年。部落解放同盟中央本部に取材の相談をすると、長野県で差別事件が起きていると教えてもらった。「長野県隣人差別事件」と呼ばれるこの事件は、隣人とのご近所トラブルが部落差別へと発展し7年以上も被害者が差別と嫌がらせに苦しんでいる事件だった。

事件の被害者は被差別部落にルーツを持つ女性。しかし生まれ育ったのは県内の被差別部落の人々が集まってできた地域で、歴史的には被差別部落ではない。現在その地域は再開発で跡形もなくなっている。そういった事情もあり、彼女は出身者としてのアイデンティティを持たずに生きてきた。

しかし、隣人から賤称による侮辱を受けたり、「部落民」であると喧伝したビラを近所にバラまかれたりと、本人が意図しなくとも、彼女は「部落民」であると見なされることで差別されたのだ。研究者の奥田均《おくだひとし》さんは、『見なされる差別　なぜ、部落を避けるのか』（解放出版社）において、「地縁」や「血縁」が差別の根拠とされるが、その境界は曖昧で、だれでも、いつからでも「部落出身者であると見なされる」可能性がある。そして部落差別は「見なされる差別」として実体があり、見なされるがゆえに外部からの忌避意識が形成されて差別の現実が出来上がっていくと論じた。

これは映画ではなくTVで広く伝えるべきだと考え、撮影をはじめた。並行して企画としてまとめてTV局やヤフーニュースに持ち込んだが、ことごとく断られた。最終的にVICE Japanに持ち込み発信することが出来た。また撮りためた素材は『7年、ある家族の苦悩』(18)として短い映像にまとめてネットで公開した。

その後、嫌がらせを続けた隣人は窃盗罪で逮捕され、事件は一時収束する。しかし、出所後に嫌がらせが再開していると聞いている。彼がなぜそのようなことをおこなったのか、どのような差別意識を持っていたのか。本当は本人に尋ねてみたかった。しかし、取材することで被害者への差別行為と嫌がらせがエスカレートする恐れがあったため実現は出来なかった。

この事件を通じて差別する側の意識が部落問題を描くうえで欠かせない要素だと改めて思った。部落差別を考えるうえで「どこ(地縁)」「だれ(血縁)」だけを考えては、ピントがズレてしまう。

部落差別が「見なされる差別」である以上、その根源である見なす側=眼差《まなざ》しの主体を描くことは、やはり不可欠であると考えるようになった。

障がい者施設でのできごと

実はこの問題意識を以前から持っていたことを思い出した。2009年に『にくのひと』の上映後に行った角岡さんとの対談で、僕は次のような発言をしていた。

角岡「じゃ、次回作は部落差別をテーマに」
満若「やりますから」
角岡「ホンマかいな。思うてへんがな」
満若「いや、差別する人を撮ってみたいなとは思いますけど」

ここまでは良かったのだが、続けて僕が話した内容が、『にくのひと』に対する抗議のなかで、「満若が障がい者差別発言をしている」と問題視された。以下、その発言である。

角岡「屠場を撮ったあと、卒業制作で父親を追いかけてるね。満若君の父親もまた濃い人なんですけど、次作は何を撮ろうとしてる?」
満若「もともと障がい者を撮ろうとは思っていました。『障がい者ははたして人間かどうか』という線引きがどこにあるんだろうというようなドキュメンタリーを考えていました」
角岡「人間でしょ、それは」
満若「そうではなくて、主観的な問題を撮りたいなと思ったんですが、結局、それはポシャってしまいました。でもいつかは撮りたいなと思っています。それから、さっき話した差別する人を撮ってみたいです」

この「『障がい者ははたして人間かどうか』という線引きがどこにあるんだろう」という発言が大いに問題になった。この時の僕はあらゆる表現が稚拙で、軽率で、言葉が足りていなかった。今更だけれど、『私のはなし 部落のはなし』に通底する問題意識なので補足しておきたい。

ちょうど大学4回生のころ、僕は障がい者施設で介護のアルバイトをしていた。主に夜勤で、22時〜翌朝7時までのシフトだった。仕事の内容は、就寝介助と、夜回りと排泄の介助、施設の掃除やごみ出し、そして起床介助だった。この仕事を選んだ理由は下宿の近くで、かつ時給が高いから。初めての介護は大変で、腰が痛くなったり、忙しい時は朝まで働きっぱなしの日もあった。けれど、基本は寝ずの番なので待機中に本が読めるのはありがたかったし、一口に障がいといってもその在り様は様々で、会話でコミュニケーションできる方、言葉は話せないけれどアイコンタクトで意思疎通ができる方、意思疎通が難しい方……仕事を通じて様々な人と接することができた。同僚のバックグラウンドも多様で、大手企業から退職して介護職に就いた60過ぎの男性やシングルマザーの女性。利用者に暴力をふるったことが判明して退職していった職員、給料が安くて退職を考えている職員……。

ある時、意思疎通ができる利用者さんと意思疎通ができない利用者さんへの僕自身の対応が明らかに違うことを自覚した。当然だけれど、意思疎通できる方へは意思を確認しながら介助する。しかし、意思疎通できない方は、定刻通りに就寝させて定刻どおりに起こす。オムツ交換も本人の意思を確認せず、時間に合わせて行っていた。

自分が体験した範囲でしか語れないけれど、少なくとも意思の疎通の有無一つで相手への認識が微妙に違ったことは事実だった。意思疎通できない相手に対して人間性を認めているのか？　何をもって人間を人間として僕は認識しているのか？　そんな疑念が次々と生まれた。そこから問題の発言に至った。

障がい者差別の問題は、当事者の問題ではなく、彼らを視る健常者の意識の問題である、その意識を撮りたい。ぼんやりとした企画意図だけれど、そのような考えからの発言だった。そして、その差別構造は部落差別にも通じると感じていた。だから、のちに出会い、映画に出演してもらう黒川みどりさん（静岡大学教授。119ページ参照）の「被差別部落は外部からの眼差しによって作られてきた」という部落問題認識にとても共感したのだ。

鳥取ループ・宮部龍彦氏への取材

2018年、クリスマスの夜。僕は示現舎の事務所にいた。彼らがネットで裁判の報告をするということで撮影させてもらうために同席した。配信の視聴者は5人程度。配信の前後で、簡単なインタビューを行った。どのように被差別部落を特定しているのか尋ねた。すると、全国の被差別部落の地名一覧が掲載されているウェブサイト「同和地区wiki（ミラー）」（21年に閉鎖）で現在の住所を調べ、国土地理院の航空写真とグーグルマップを比較、検討して、場所にもよるが10分程度で特定できると実演した。

「たぶん、このあたりが部落ですね」

そのあとも、彼の菜園や、裁判書類を提出するところを撮影したり、自宅での撮影を交渉して固く断られたりした。とにかく闇雲に取材していたから、彼には悪いことをしてしまった。なぜ闇雲に撮っていたのかというと、つまり彼を通じて何を描くべきなのか、ピンと来ていなかったのだ。ドキュメンタリーは、ただ現場で起きることを撮ればいい、というものではない。どこから撮るのか、どの距離感でとるのか、いつから撮り始めるのか、目の前で起きる出来事のどこの部分に注目するのか、そのすべてに、こちら側の意志が介在する（もちろん無意識に身体的な反射で撮影することもある。しかし、それは反射するに至る過程があって、その過程に作り手の意志がある。逆に、ただ起きていることを撮るという意志もあり得る）。だから「何を撮る（視る）のか」という意志の方向性が必要となる。宮部氏をどう視れば映画として部落問題を表現できるのか？　この時の僕はピンと来るものを延々と探していたが見つからなかった。年が明けて19年1月。僕は意を決して宮部氏の「部落探訪」に同行することにした。外部からの眼差しを取材することはきっと間違っていないという信念だけを頼りに。

「部落探訪」に同行する

「どこに行くんですか？」

「岡崎です」

「目的は何ですか？」

「部落探訪です」


僕が「部落探訪」に同行した理由はいくつかあるが、これまでの取材だけでは宮部龍彦氏の行動が具体的によく分からなかったという理由がいちばん大きい。「部落探訪」は宮部氏が提訴されたのちに始めた企画で、全国の被差別部落に出向いて撮影し、地名を明記したうえで示現舎のウェブサイトやYouTubeで公開するというものだ。（YouTubeの動画は22年にGoogleによって削除された）。彼の本職はシステムエンジニアで、土日の休みを利用して各地を探訪している。これは並大抵の情熱ではできないことだろう。なぜそこまでこだわるのか？「部落探訪」の一体何が面白いのだろうか？　僕には全く理解できなかったから、自分で確かめる必要があった。

また、彼の探訪は「全国部落調査」復刻版と同様、地名を暴露し差別を助長していると批判を集める一方で、サイトには協力者がその地域を案内する記事もあり、コメント欄には彼に「※※に行ってはどうか？」というコメントが寄せられていた。彼の言説や行動に一定の支持や支援があるのも事実だ。であれば、やはりきちんと同行しなければ分からない。探訪には計

3回同行し、地域によっては「部落探訪」に協力する賛同者や案内する人物がいた。また、探訪する被差別部落に関する基礎情報は、国会図書館で運動団体が発行した出版物を頼りにしていた。アクセスしようとすれば誰でも入手できる情報なので、ネット上では彼のフォロワーのような存在が登場している。

もちろん抵抗感はあった。同行取材が差別に加担していると批判されることは容易に想像できたし、なにより被差別部落を明らかにしたくない人がいるなかで、彼の行為は明らかに当事者を傷つけるものだ。「部落探訪」する彼を撮ることは結果的に、僕も無断で被差別部落を撮ることになるため、やはり気が引けた。でも、後ろめたさも込みで、できることなら自分の目で見て、肌で感じたことを伝えたい。それが撮影する、という行為の本質だし、僕の職能だ。

「部落探訪」の映像は全体的に腰の引けた撮影になっており、僕の迷いを物語っている。

目的の被差別部落に到着し、彼を追いかけて1時間くらい散策したけれど、その地域の正確なことなど全く分からない。分かるのは、この辺りが「部落」だということだけだ。

「『部落探訪』ってなにが面白いんですか?」

「ある人が言っていたんですけど、クロスワードパズルみたいなんですよ」

なるほど。「ここがかつての古戦場か。全然面影ないね。へえー」といった歴史探訪的な興味と、宝探しに似た楽しみ方をしているようだ。移動は彼の車に同乗した。スタッフは僕一人だし、車の中はいろいろと話を聞いて関係性を深める絶好の機会なのだ。

腹を括って「部落探訪」に同行した。同行させてもらった宮部氏には申し訳ないが、その時分かったのは、起きていることを撮るだけでは映画にはならない、ということだった。やはり部落問題を映像化するためには明確な仕掛けと方法論が必要だと悟った。

そして、ひと月後の19年2月。大島新さんがプロデューサーとして参加したことで『私のはなし　部落のはなし』の制作がようやく本格化する。

作り手によるドキュメンタリー雑誌『f/22』

時は少しさかのぼり2018年の夏。僕は何を血迷ったか雑誌を作ることを思いついた。その名も作り手によるドキュメンタリー批評雑誌『f/22』（えふにじゅうに）だ。SNS以外に現場の制作者側から言いたいことを言える場を作りたい、そんな目標を掲げて立ち上げた。振返ると当時、映画制作がうまくいかないフラストレーションも『f/22』を立ち上げた背景にあったように思う。

創刊の理由としてまず第一に、スタッフのギャラが安いという現実があった。当時僕は、TVの仕事をしながら映画の取材を続けていた。仕事だけやっていればそれなりに稼げるが、映画の取材は自費だし、予定を空けるためには仕事を断らないといけない。収入と支出を見直した時、やはりカメラマンとしての対価が業界全体で安すぎる、と痛感した。また17年に結婚した妻もドキュメンタリーのディレクターなのだけれど、持続可能とは到底いえない働き方だった。けれど、放送局の外で働く僕たちは単なる下請け業者でしかない。不満あるものは去るのみ——そんな状況に嫌気がさしていた。

加えて、17年に『童貞。をプロデュース』（松江哲明監督・07）というドキュメンタリー映画の出演者が無理やり性的行為を強要されたとして監督を告発。舞台上でもみ合いになり、上映中止となる騒動が起きたことも影響した。出演者との関係性の崩壊は、僕も経験していたことであり、ドキュメンタリーについて考えるうえで重要な問題だったし、僕の関心事だった。しかし、事件直後、映画業界の人々はこの件について口を閉ざして多くを語ることはなかった。「社会問題や政治の腐敗をテーマにした映画を作っていても、身近な問題には無関心なのか。口だけか……」と失望した。同時に、映画で社会問題を扱う際に、己への問い掛けなしに制作してはいけないと、強く感じた。

雑誌は一人では立ち上げることはできない。仲間として引き入れたのは、わが師・辻智彦、録音部の川上拓也氏、TV仲間の江藤孝治氏。この4人を中心に『f/22』を立ち上げた。途中から、当時制作会社でアシスタントディレクターをしていた貴家洋子さんが加わり、第3号まで刊行した。

タイトルの『f/22』は、レンズの絞り値から名付けた。通常、レンズの焦点は画面のどこか一点に合い、その前後はボケる。しかし、レンズの絞り（数値が大きくなるほど暗くなる）を限界まで絞り込むと、画面全体に焦点が合うようになる。この撮影技法をパンフォーカスと呼ぶ。

近年「ボケ」は世界の標準語になるほど浸透し、スマートフォンにも背景がボケる写真を撮れる機能が標準装備されている。しかし、映画の歴史を振り返ると、オーソン・ウェルズや黒澤明ら巨匠たちはパンフォーカスで撮影をしていた。パンフォーカスこそが映画の王道だったのだ。すべてに焦点が合っているということは、そのカットのどこを見るのかという主体性を観客に委ねる余地を生む。『f/22』という雑誌のタイトルは、すべてに焦点を合わせる、都合の悪いことだけボカさない。そして、読者に考えることを委ねる。そんな意気込みで名付けた。

II

『私のはなし 部落のはなし』

1　視えない部落問題を撮る——『にくのひと』から引き継いだもの

大島新さんとの出会い

話は少し飛んで２０２２年。取材開始から６年かけて僕は３時間25分の長編ドキュメンタリー映画『私のはなし　部落のはなし』を完成させた。２月。東京・新宿三丁目駅近くの雑居ビル。この一角に映画配給会社・東風の事務所がある。この日は宣伝用ビジュアルのラフデザインが仕上がり、僕と大島さん、東風の５人のスタッフで打ち合わせをしていた。

東風は合議制を採用している珍しい会社だ。重要な打ち合わせには必ず全てのスタッフが参加する。ラフデザインには「監督：満若勇咲」「プロデューサー：大島新」がそれぞれ同じフォントサイズでデザインされていて、そのことに大島さんが意見した。

「ポスターの大島の名前はもっと小さくできますか。内容に関して監督にお任せなので、同じ大きさなのはどうなのかな」

「配給的には大島さんを前面に出したいですね」

配給・宣伝を担当する東風にとって部落問題は経験がないテーマだ。しかも３時間25分もあるドキュメンタリー映画に、どうやって観客を呼び込むのか？　配給は慈善事業ではなく経済活動、つまり仕事だ。興行が失敗したら会社の経営に影響が出るし、目の前にいる東風のみなさんの生活にも直結する。だから『なぜ君は総理大臣になれないのか』を大ヒットさせ、続編『香川1区』で注目を集めている大島さんの名前を利用しない手はないだろう。こういった仕事としてのリアリティのなかで宣伝物のデザインが決まってくるものだ、ということを学んだ。

クレジットの表記について僕も東風と同じ意見だったが、理由は違った。

「僕も大島さんの名前は同じサイズがいいです」

「いいのかな？」

「大島さんと出会わなければ、この映画のスタートを切ることも、完成させることもできなかったので、僕にとっては大島さんの存在は欠かせないですから」

ここで『私のはなし　部落のはなし』の制作が本格的にスタートした19年に戻る。この年の1月。僕は『f/22』を創刊し、その創刊イベントを開催した。イベントは、編集委員のみんなと相談し、若松孝二監督『17歳の風景』の撮影時の記録をまとめたドキュメンタリー映画『67歳の風景』の上映と、辻さんとゲストとの対談の2部構成になった。そのゲストとして候補に上がったのが大島さんだった。もし『f/22』を立ち上げていなかったら、大島さんとは出会わず本作も存在しなかっただろう。これが僕と大島さんとの出会いである。

『f/22』のイベントは盛況に終わり、僕はホッとしながらみんなでご飯を食べていた。大島さんに話しかけられたのはそんな時だった。

「満若くんは今何やってるの？」

「えっと、今はフィリピンでロケ中の番組と来月はNHK BS1の番組でドイツに行く予定です。あと、自主制作で部落問題についての映画をつくってます」

「えーそうなんだ。ちょっとくわしく聞きたいなー」

「えっとですね、『全国部落調査』復刻版出版事件ってご存知ですか……」

16年に映画を作ると決意してから既に3年も経っていた。相変わらず内容は未定で「部落問題の映画をつくる」という意志だけを拠り所にした「部落問題についてのドキュメンタリー映画」というタイトルすらない企画について話した。

「鳥取ループでしょ？　知ってるよ。取材してるの？」

「そうですね。ただなかなか裁判の取材は難しくて……」

「それはそうだよね。興味あるから俺もぜひ参加したいなー」

「本当ですか？　ありがたいです」

出会った当時の大島さんのイメージは、TV業界の大先輩で、劇団「唐組」を主宰する唐十郎をケレン味たっぷりに描いた傑作ドキュメンタリー『シアトリカル　唐十郎と劇団唐組の記録』（07）の監督、そして、認知症が進行する母と介護する父にカメラを向け、そこから普遍的な家族の関係性を映し出すことで観客動員9万人を越えるヒット作となったセルフドキュメンタリー『ぼけますから、よろしくお願いします。』(信友直子監督・18)のプロデューサー、であった。第一線で活躍する作り手が、こんな具体性がなくて回収が見込めるかどうかも分からない企画に参加したいだなんて……どうせ酒の席でのお世辞だろうと思っていた。

しかし数日後、イベント登壇のお礼で連絡をした時に、大島さんから「ぜひ映画の話をくわしく聞かせてほしい」との返信がきたのだ。覚えていたのか……嬉しい気持ちよりも、そのまま忘れてほしかったという気持ちが強かった。

なぜこんなに卑屈だったのかといえば、3年経っても映画を完成させるイメージが持てず、映画を作りきる自信を失っていたからだ。ましてや他人のお金で映画を作るなんて冗談じゃない。きっと大島さんを失望させる結果になるだけだと思っていた。僕は思いがけない展開にビビッていた。

しかし、そんな卑屈だった僕の尻を叩いたのは妻だった。

「はあ。大島さんと会うのしんどいな……」

「何言ってんの? お金出してくれるならお願いしなさいよ」

「うーん。だって大島さんのことなにも知らないよ? 干渉系のプロデューサーだったらどうすんの? それに映画が完成できるかわかんないし……」

「そんな心配よりもお金の方が大事でしょ? もうお金掛けて取材してるんだから。どっちにしてもプロデューサーとはちゃんとコミュニケーションとりながらやるしかないじゃない。出してくれるんなら、こっちから頭下げてお願いしなよ」

グウの音も出ない正論だった。

後日、大島さんから「辻さんともお話したい」とのことで、辻さんとパートナーの李玉美さん、そして僕の3人で会うこととなった。僕は雑談を交えながら「部落の映画」の話をした。『にくのひと』の制作から上映中止になった経緯。そして「もう部落問題はいいや」と思い、けれどまだ決着がついていないと思ったこと。そして「全国部落調査」復刻版出版事件が起きて、自分の過去の経験と重なったこと。

「ぜひやらせてほしい」

それが大島さんのお返事だった。

「カメラは辻さんにお願いできるかな？　俺も辻さんとお仕事してみたいんだ」

「撮影と監督の兼任は荷が重いと思っていたので、ぜひそのようにしたいです。辻さん、いいですか？」

「ああ、いいよ」

「編集はどうする？　自分でする？」

「いや、編集技師を立てたいです。自分では客観的に判断できないので」

「誰にする？」

「知り合いの前嶌健治《まえじまけんじ》さんにお願いしようかと思っています。一緒にやるのは初めてですが」

「わかった。あと、お金については300万くらいでどうかな。足りなくなったら自分で出せる？」

「もちろんです。自腹切る覚悟はできてます。よろしくお願いします」

こうして、あっさりとプロデューサー・大島新、撮影・辻智彦、編集・前嶌健治という体制で制作することが決まった。

「おお、ついにやるの？　じゃあスケジュール空けとかなきゃな──」

編集を担当した前嶌健治さんは、劇映画の編集から仕事を始め、今はTVドキュメンタリーや深夜ドラマに携わっている。前嶌さんは、僕が撮影を担当した『フランケンシュタインの誘惑』（NHK BS1）や崔洋一監督『格闘球技ウィルチェアーラグビー 十二人の戦士と百の言葉』（WOWOW）などのTV番組を何本も編集してもらったことがある。仕事以外にも、お互い富野由悠季のファンという共通点がありこれまで親交があった。今回は監督と編集という関係だけれど快諾してくれた。

個人制作から集団制作に切り替わっていちばん変化したことは、企画に対する責任感だった。もちろん、そんな責任感などみじんも感じることなく創作できる作り手もいるだろう。しかし、先述した通り僕はそうではない。大島さんの参加によって、よくも悪くもあとに引けなくなった僕にウジウジしている余裕はない。10年ぶりの映画制作で監督としての自信なんて何もない僕が『私のはなし　部落のはなし』を作り上げることが出来たのは「大島さんのお金で撮っている」という生臭いプレッシャーがあったからだ。人を突き動かすのは高邁な理想ではなく、案外こういった現実的な要請なのかもしれない。

僕には、大島さんがあの時あの場で、何ら具体性のない映画の企画に資金面も含めて参加するという、どう見ても常識外れな決断をなぜ下せたのか分からない。確かなことは、大島さんが監督の話に耳を傾けてくれる、僕にとって最高のプロデューサーであることだった。それに資金面での協力は本当に有難かった。お金は映画の品質に直結する。大島さんの協力が無ければスタッフを組んでの撮影は難しかっただろう。

部落問題についての映画をどう作るのか？　この3年間格闘してきた課題に答えを出さねばならない時が来ていた。

部落問題は視えにくくて遠い

近年、映像メディアではNHK Eテレ『バリバラ』やABEMA、また地方局などで部落問題が取り上げられるようになった。しかし、他の社会問題に比べれば圧倒的に露出は少ない。そもそも、部落問題は長年の反差別運動の成果もあって、差別によって劣悪だった生活環境は改善され、一見すると被差別部落と他の地域との差はなくなった。しかし、法務省が2020年に実施した意識調査（「部落差別の実態に係る調査」）によれば、結婚差別や交際に関する忌避意識は今でも根強く残っていることが明らかになっている。また身元調査や差別落書きなどは未だなくならず、インターネット上での差別的な投稿が日常的に行われている。また生活水準も改善傾向にはあるが地域差が大きく、貧困の連鎖が断ち切れていない被差別部落が存在している。こういった複合的な要素が絡み合っているうえに、その多くが可視化しづらいため、部落問題を映像で表現するのはなかなか難しい。たとえば、根強く残る結婚差別については、現場を第三者が取材することはほぼ不可能に近いために、基本的には被害者の事後の「語り」でしか差別の現実を伝えるすべがない。

僕は『にくのひと』を作った際（作品の内容とは別として）被差別部落に行ったけれど部落問題に真正面から取材が出来たわけではないと感じていた。深く関わった角岡さんや中尾さんも、基本的には差別を無くすためにはオープンにすべきだと考えている人たちだった。

逆にオープンにすることに葛藤を抱く出身者との出会いがなかった。だから部落問題があることは分かっていたが、しかし、それはあくまでも知識としての理解で、身体的な理解ではなかった。人は身体的な理解をとおして、初めて物事にリアリティを感じるものだ。

そんな僕が自分の認識の甘さを認識した出来事がある。『にくのひと』に対する抗議は、食肉センターの職人さんにも伝わり、僕はある職人さんからこう言われた。

「俺はええねん。でも子どもや孫が差別されるかもしれへん。それが辛いんや」

部落差別には様々な形態があるのは知っていたが、「差別されるかもしれない不安」という、曖昧でしかも未来に対して投げかけられる痛みが当事者にとって深刻な問題であることを、生身の人間である職人さんの口から聞いたことで身をもって知った。この「不安」という痛みを他者が身体的に理解することはとても難しい。だから僕の部落問題への認識は甘かったと言わざるを得ない。

職人さんの言葉を聞いて、僕の頭をよぎったのは芥川龍之介の手記だ。

「僕の場合は唯ぼんやりした不安である。何か僕の将来に対する唯ぼんやりした不安である」

大人になる意味はあるのだろうか？　とぼんやりとした将来への不安を抱えていた10代の僕は、この手記を読んで「不安」が時に人を殺すことに妙な説得力を感じていた。それゆえに職人さんの言葉から想起した「不安」という言葉が僕の心を捉えた。

もちろん部落差別と単純に比較はできない。けれど「不安」という、あいまいな、けれど人の精神にべったりと纏わりつく感情が、心をひどく疲弊させるだろう、というところまで想像することができた。

この「不安」は部落問題のあらゆる場面で登場する。それは被差別部落の出身者による「寝た子を起こすな」だったり、「地名」の公開が裁判にまで発展すること、顔や実名を明らかにすることで本人以外に家族や親族にまで差別が波及するリスクなど、部落問題特有の複雑さを生み出しているのだと、これまでの取材を通じて、ようやく身体的に理解することが出来た。だから、僕が想像できなかった「不安」を、本作で描く必要があると考えたのだ。

そして、映画を作る以上は、「部落問題はもうない」とか「そんな差別がまだあるの？」といった部落問題を遠くに感じる人たちに、この問題との距離を縮める、もしくは身体的に理解できる表現を模索すべきだろうと考えた。

残念ながら、当事者ではない僕たちは具体的な被害と出会わないと問題を問題として認識できないし、もっと言えば、被害の実態についていくら本で読んでも、説明されても、また頭で差別があると分かっていても、被差別部落に行ったとしても、部落問題は遠いままだ。だから「こんなひどい差別がありますよ」という内容だけでは十分ではない。大事なのは「どのように説得力のある表現をするか」という点だ。

例えば「貧困」を映像で表現することのむずかしさと表現上の問題としては近いものがある。よく「貧困家庭」の取材で取材対象者がスマートフォンを持っているだけでバッシングを浴びたり、また僕の仕事においても、「なんだか貧困層に見えないよね」とプロデューサーから言われたりする。映像で表現する場合「貧困です」というキャプションありきでは、その実像は伝わらないのだ。

このような思考を経て「10年前の自分に伝わる表現」、それが自分の中で固まった一つの指針だった。

僕は部落問題の「他者」である

もう一つ『にくのひと』から生まれたテーマがある。それは「他者としての部落問題」だ。僕は被差別部落にルーツを持たない「他者」だ（ルーツを断定することはできないが、ここでは「他者」と言い切る形で整理する）。この他者性を意識したのは、『にくのひと』をめぐって、己の当事者性を問われてからだ。

「当事者でもないのに何かあったら責任をとれるのか」

このような批判に対して、僕はどのように答えるべきだったのか？　これもまた『にくのひと』の時に突き付けられた課題だった。この課題を考えるうえで、取材者の他者性が大前提となるプロの世界で仕事をしたことが考えるきっかけになった。

撮影の仕事を始めて、ドキュメンタリーの撮影でもっとも基本的で大事なことは、カメラワークでも構図でもなく、「どこから撮るのか？」、つまり立ち位置であるということを学んだ。その瞬間、出演者との関係性のなかで、どの距離感で、どこから見るのか。これは単に近ければいいとか、そういう問題ではない。撮影者がどこにいることを受け入れてもらうのか？　立ち位置は、単に良い画が狙える、という作り手側の都合ではなく、被写体との関係性、その状況、演出の狙い、など現実の複雑な要素が絡み合って決定される。「どこから撮るのか」はドキュメンタリーを作るうえで根源的な問いなのだ。

「君は日本から来たのだろう？　日本は豊かな国だ。俺を撮るのもいいけど、代わりに仕事を紹介してくれよ。君たちは俺を撮影してお金をもらっているんだろう？　代わりに何かしてくれてもいいじゃないか」

そう言われたのは、ルワンダで道路建設を行うNGOの活動を取材していた時のことだ。虐殺からの復興で、アフリカの奇跡といわれるルワンダ。しかし、開発が進んだのは首都周辺で、地方の農村ではまだ舗装路すらない状態で生活を送っているのが現実だった。撮影していたのはコンゴ民主共和国との国境の町ルシジ。そこで取材していた若者の一人から問われた言葉だった。彼のまっすぐな要望に対して、僕と一緒に取材していたディレクターは誠実に答えることはできず、はぐらかすことしかできなかった、そんな苦い思い出がある。

TVの仕事では基本的にドキュメンタリー番組を手掛けることが多い。芸能人が出るバラエティ番組のようなものも撮影したことがあるが、撮影のポイントが分からず上手く撮れなかった。新型コロナウィルスが流行するまでは、海外での撮影が多く、色々な国に行った。そのなかで意識させられたのは、自分が「日本人」であり取材される側にとっては「異邦人」つまり、「他者」である、ということだった。

韓国で、段ボールを拾って生計を立てる高齢者を撮影している時にこんなこともあった。韓国では年金制度の確立が遅く、制度からもれた高齢者の貧困が社会問題化していた。とある高齢者を取材していた時のことだ。彼が通っている高齢者が集まる公園についていくことになった。そこはタプコル公園と呼ばれ、３・１独立運動の発祥地として知られている。出発前に取材対象者から聞かれた。

「君は日本人だからきっと不快な思いをするだろう。大丈夫なのか？」

日本人である以上、第二次世界大戦で植民地支配した国に行く時は、戦争加害について問われることは避けて通れない。普段はまったく意識しないけれど、海外に出ることで、改めて自分が日本人であること、そして彼らにとっては加害国側の人間であることを自覚させられる経験だった。

ドキュメンタリーは常にだれかを「視る」行為であり、被写体が何者であるかは作り手が決定する、という構造から逃れることはできない。しかし同時に、被写体は常に作り手が何者であるかを「視て」いるのだ。

自分が何者であるかとは、自分が決めるものではなく他者との関係性の間で決定されてしまう。そのうえでどのように自己決定していくべきなのか、という人生における知見をＴＶドキュメンタリーの現場を通じて、身体的に理解した。

監督が１００人いれば１００通りの立場があって映画ができる。もし当事者性を持つ人が映画を作ったらまた違ったものになるだろう。けれど、僕は間違いなく部落問題においては「他者」で眼差しの主体の側、という関係性の構造にあるのだ。

たとえば、当事者に寄り添う優しい映画を目指すことも可能かもしれない。けれど、寄り添うという行為は振る舞いの一つであって、立ち位置ではない。振る舞いは、その瞬間、瞬間で変化する現場でのリアリズムの話だ。部落問題との関係性は変わらない。他者性を起点に考えれば、優しさや思いやりといった、表面的なもので己の立ち位置を誤魔化すことはできない。

仕事を通じて気付いたことがもう一つある。TVドキュメンタリーはあくまで製品である。だから、締切りまでに納品し、事故のないようにしなければならない。そのためには、現実の制約（尺、被写体や地域共同体への配慮、スポンサー対応……などなど）と折り合いをつけながら番組を作っていく。とうぜん妥協せざるを得ない場面も多い。しかし、大事なことは納品し、放送すること。それ故にプロフェッショナルなのだ。そのような諸先輩方の姿を見ながら、僕はかつて『にくのひと』を作った時、いかに取材や事前交渉などが甘かったのか、ということを痛感した。

こうして、「全国部落調査」復刻版出版事件、長野県隣人差別事件を経て、僕はこれから作る映画に向けて、自分にテーマと方向性を課すことがようやく出来た。

「10年前の自分に伝わる表現」

「『他者』である僕が部落問題とどのような関係性の構築が可能なのか？」

これは『私のはなし　部落のはなし』という作品に表立っては現れないが、重要な作品の土台となった。２０１６年から足掻き続けた3年、もっといえば『にくのひと』を封印してからの9年という時間は無駄ではなかったと思う。

2　撮影

「はなし」を撮る

大島さんが参加し、制作が本格化してまずしたことはタイトルをつけることだった。初めにつけたタイトルは『対話と構造』（仮）という何とも堅苦しいものだった。

「タイトルはまた考えようね」と大島さん。

「これは……よくないね」と辻さん。

「なんかサルトルの『嘔吐』みたいじゃんこれ」と前嶌さん。

スタッフからも不評なタイトルだったけれど、やりたいことはハッキリしていた。人々の語り、つまり「対話（＝はなすこと）」と社会構造を軸に部落問題を描くということだ。社会構造の方は結局うまくいかず、途中で「差別の構造」へとシフトした。時に座談会形式での対話を設定し、時に監督である僕自身が相手となって撮影を行うことにした。

本作のコンセプトである「はなすこと」を思いついたのは、この映画に出演した松村元樹さんの協力のもと、彼の地元である三重県伊賀市の被差別部落に住む若者に聞き取りを行った時のことだ。

『私のはなし　部落のはなし』には京都府、大阪府、三重県、3地域の被差別部落が登場する。たまたま関西に集中したが、これは偶然でしかない。取材する地域を選ぶ時に、その地域を撮りたい、という作り手側の意図ありきではなく、たまたま知り合った人との繋がりのなかで撮影する地域が決まっていったのだ。

三重県伊賀市は、松村元樹さんと出会った縁から取材することになった。松村さんと知り合ったのは、2019年1月に、大阪のロフトプラスワンWESTで行われたABDARC《アブダーク》（反鳥取ループの団体）のイベントだ。ゲストとして登壇していた彼に僕から声を掛けたのだ。

実は、松村さんのことは「全国部落調査」復刻版出版事件の関連の集会で見かけていて、彼が行っていたインターネット上の差別投稿のモニタリングに興味があった。何より彼の人柄に興味を持った。原告や裁判関係者は、宮部氏のことを怒りを込めて「宮部」と呼び捨てにすることが多い。そんななかで、松村さんは「宮部さんは〜」と、必ず「さん」付けをして発言をしていたので、とても目立ったし、努めて冷静に話そうとする姿勢が印象に残っていた。のちにそのことを尋ねてみた。

「原告のみんなが怒ってそういう言い方をするのは当然だと思います。僕も彼の行為は許せへん。だけど、問題なのは、彼という人間ではなくて、彼の行為とそれを許している社会なんですよ。だからそれをハッキリさせるために、あえて呼び捨てにしないんです」

当初は松村さんにぼんやりと映画の相談をしていたが、映画のコンセプトが固まるにつれて、彼の地元を取材したいと思うようになった。その理由の一つとして、「部落探訪」をされた地域であり、地域住民がどのように感じているのかを取材したいと思ったからだ。

19年6月13日の夜。地域の人権センターに集まったのは20代の若い世代を中心としたメンバー8人。彼らは部落問題への考え方や自分の気持ちを素直に、時にユーモアを交えて話してくれた。

「この地域が『部落探訪』されたことについてどう思いますか？」

「勝手に晒《さら》すなよって思う」

「あれ、俺ん家が映ってんねん。なにしてくれてんねんって、電話したったわ」

僕が話題をなげかけると、お互いに人の話に耳を傾けながら、彼らの間で自然と会話が進んでいった。

「みなさん、自分のルーツは？」

「俺は親もここの生まれやけど、お前は？」

「俺は片方が違うからハーフやな」

「うちは両方とも違うで」

「〇〇は部落についてどう思ってんの？」

「うーん、あんまり意識しないな」

「まあ就職で出ていくもんな」

聞き取りの間、僕は口を挟みつつも彼らが話す様子をじっと見ていた。すると、これまで見えなかった部落問題が、「はなし」の場のなかに突然現れたように感じた。「部落問題は関係性の中にある」と直観したのだ。誰かと話すことは一人ではできない。「はなし」がつくる関係性によって部落問題が視えてくる。この「対話する空間」が映画になり得ると確信した瞬間だった。

被差別部落=〇〇である、とは言えない

学生時代、シナリオの講義でいちばん初めに教わったのは『七人の侍』のシナリオ上の主人公は誰か?」ということだった。答えは「七人の侍」ではなく「農民」だった、と記憶している。

本作の場合、描くべき真の主人公は「被差別部落にルーツを持つ当事者」ではなく、もちろん「差別する人」でもない。見えない「部落差別」と「差別を温存し続けたわれわれの眼差し」を描く必要がある。だから「はなし」という表現を採用することで、間接的にこの見えない主人公、つまり差別を内包する「私たち」が描けるのではないかと、僕は考えた。

そこで注意したのは、被差別部落側への踏み込み方だった。一口に被差別部落といってもそ

の実情はさまざまだ。都市型部落もあれば、農村型部落もある。いわゆる部落産業があるところもあれば、ないところもある。だから安易に「被差別部落＝〇〇である」とは言えないし、安易なイメージで一括りにしては描けないと考えた。

本作に登場する大阪府箕面市の北芝は、２０１８年に角岡さんから紹介してもらった。当時、「Buraku Small World Project」という、被差別部落に関係する人達のオーラルヒストリーを撮影、集積してネット上に公開する、という企画を考えていた。これも映画に行き詰った末に思いついたものだった。助成金を申請してなんとか仕事として形にしようと思っていたが、企画が通らず自費で進めることになった。まずは撮影する場所と人を探さなければならない。そこで、以前『にくのひと』を上映したこともあり、「面白いところがあるで」と角岡さんから聞いていたので、改めて北芝を訪れることにした。

北芝は、若い人や外部の人が一緒に色々な取り組みをしているユニークな地域だ。「ここは被差別部落です。ぜひ来てね」という姿勢はとても魅力的だったし、地域に人々の活力が感じられた。そして、撮影で出入りしているうちに、北芝の和太鼓チーム・鼓吹のメンバーと知り合い、大阪府下の被差別部落6地域の和太鼓チームによる合同ユニット、和太鼓・絆の公演を撮影するようになった。そういった背景もあり、19年に『私のはなし　部落のはなし』の制作をはじめて、北芝を真っ先に取材先として考えた。

しかし、ふと立ち止まって考えると、僕が描こうとしている部落問題を北芝だけで描くとピントがズレるのではないか、という疑問が生まれた。北芝は被差別部落として差別されてきた歴史を背負うが故に、ユニークで魅力的な地域になった。しかし、それは「北芝」という共同体の独自の魅力であり彼ら自身の活動の成果だ。ほかの地域が同じような取り組みをできるかといえば、そうではない。だから、今回の映画を作るにあたって、北芝に被差別部落全体を背負わせず、一事例として登場させる必要があると考えた。

松村さんの地元である伊賀市の被差別部落は、近世の歴史がはっきりとしていない。また、皮革など部落産業と呼ばれるものもない。差別されてきた歴史が地域に横たわっている。

そして、京都市の崇仁《すうじん》は、中世までその歴史が遡れる歴史ある巨大な被差別部落だ。本作に登場する3地域だけでも、その内実は一括りにできない多様さがある。

ここで助けになったのが角岡さんの考えだった。角岡さんは「被差別部落は差別ゆえに残ってきた」と指摘している。言われてみれば当然なのだけれど、被差別部落に共通する普遍的な要素は、文字通り「差別されてきた」その一点だ。それ以外の地域固有の特色、たとえば北芝の取り組みは素晴らしいが、その魅力的な部分に囚われてしまうと、映画の主題が眼差しの対象である被差別部落の方へズレてしまい、眼差しの主体を描くことが出来なくなる。

映像は基本的にステレオタイプと親和性が高い。例えば「被差別部落」と明るいイメージの映像を編集すれば「楽しい所」に見えるし、暗いイメージの映像だと「怖い所」に見えてくる。やろうと思えば簡単に両極端なイメージを作り上げることが出来てしまう。そして、一度結びついたイメージを引きはがすのは難しく、容易に「被差別部落＝○○」とのステレオタイプが生まれてくる。これは「被差別部落＝怖い」などという差別意識と構造が同じである。だから本作では、屠畜や皮革業などの部落産業や芸能などの分かりやすいイメージに頼ってはいけないし、いかにそこから脱却するか、それが一つの課題だった。

地域共同体としての被差別部落についてはあくまでも人々の「はなし」を理解できる程度の紹介にとどめ、人々が部落問題を「はなす」その姿、存在感だけで勝負するべきだろうと考えたのだ。

加えて、当時スタッズ・ターケルの『人種問題』（晶文社）やオーラルヒストリーという方法論に注目していたことも僕に大きな影響を与えた。

オーラスヒストリーの豊かさに気づいたのは、18年に『マイクロフォンの魔法〜人生を録音する〜』（NHK Eテレ）という番組に撮影で携わった経験からだ。アメリカのNPO・StoryCorpsの活動を追った番組だ。StoryCorps は、アメリカのラジオディレクターが、夫婦、親子、友人など親しい人とマイクを挟んで向かい合い、何気ない会話をオーラルヒストリーとして記録する活動から始まった。番組ではアメリカに渡り、ある夫婦の収録の現場を撮影したり、認知症を患った父親との会話を録音した姉妹、過去に父親からうけた暴力がいかに自分を蝕んでいたかを妻に話した男性など、かつての出演者にインタビューを行った。

僕が特に印象に残ったのは81歳になる認知症の父親と姉妹との会話だった。

「パパはニューヨークで出会ったのよね?」と姉妹は4年半前に亡くなった母親との出会いを尋ねるが、父親は「覚えてないな、母さんに聞いてみて」と答えてしまう。「今の人生はどんな感じ?」と尋ねれば、「素晴らしいよ。朝起きて夜は寝る。その間に3回ご飯を食べるんだ」と答え、「父さんはいつも幸せね」と思わず姉妹は笑ってしまう。

何気ない会話だけれど、肉声から、その人の存在感を十分に感じることが出来る。この取材を通して、「親しい人との何てことない会話」ただそれだけで、彼らの関係性がその場に浮かび上がり、そこに人の営みの欠片《かけら》を見つけることが出来る、豊かなものであると気付くことが出来た。ここに「はなし」というアイディアの原点がある。

もう一つ参考になった作品は、濱口竜介・酒井耕監督の東北記録映画3部作『なみのおと』(11)『なみのこえ　新地町』(13)『なみのこえ　気仙沼』(13)『うたうひと』(13)だ。これらの作品から部落問題は「時間軸の問題」でもあるという着想を得たのだ。

この3部作は、東日本大震災の被害を受けた三陸沿岸部に暮らす人々の「対話」だけで構成されている。登場するのは、StoryCorps同様、やはり姉妹や夫婦、消防団仲間など親しい関係性を持った者同士だった。この映画を18年に「濱口竜介アーリー・ワークス」として特集上映していたキネカ大森で見た。

僕は震災当時、神戸に出張していて、東京での揺れや混乱を経験していない。東京に帰って来た時には既に日常が再開していた。一瞬にして多くの命が失われた震災の経験は筆舌に尽くしがたいだろう。しかし、僕のようにその場に居合わせなかった者にとって、震災は深く残された爪痕から想像することしか出来ない。だから「語られる」ことが、震災以後に生きる我々にとって震災に触れる唯一の方法だ。東北記録映画3部作の「対話」だけで映画を作るという方法論が間接的に震災の本質を描くことに成功していると感じた。

鑑賞後、電車に揺られながら同じように「語り」だけで部落問題という見えにくい存在を描けるかもしれない、という閃きがあった。しかし、翌日になって冷静に考えてみると、この方法論は、震災という多くの人にとって説明不要の災害であり、そしてある一つの大きな出来事という歴史の時間軸上にある「一点」について語るからこそ、有効なのだと気付いた。

部落問題の場合、そもそもの歴史的な前提を観客が共有できていない。そのうえ、震災とは違い、その時間軸は何世代にもわたる厚みがある。ここで「時間」という要素が部落問題を語るうえでは避けては通れないことに気づいた。よく考えてみれば、差別されるかもしれない「不安」だって、差別された過去を背負うがゆえに未来に投げかけられた性質のもので、時間的な性質を帯びている。ここで、取材の方向性として本作の出演者は若者から高齢者まで世代を広げることを決めた。部落問題は「時間の問題」でもあると考えた。

加えて、映画の縦軸として歴史の解説を入れる必要があるだろうと考えた。「はなし」を描くためにも部落問題の前提はやはり必要になってくる。誰に語ってもらうかと悩んでいた時、ちょうど長野県隣人差別事件の取材を通じて知り合った、静岡大学の山本崇記《やまもとたかのり》准教授から、近代部落史研究者の黒川みどりさんを紹介してもらうことになった。

黒川さんとは、19年4月19日、ちょうど東京の東池袋で発生した自動車暴走死傷事故が起きた日に池袋でお会いした。何を話したかは忘れてしまったが2時間くらいお茶をしつつ、「ご協力できることがあるなら、ぜひ」とのお返事をもらった。しかし歴史といっても、すべてを網羅する事は出来ない。それに解説が延々と続いてしまっては、映画として魅力に欠ける。どのように演出するかという課題が残ることになった。

映像的な表現としての「はなし」

2019年9月。京都市の被差別部落・崇仁。『私のはなし　部落のはなし』の撮影は崇仁に住む高橋のぶ子さんのご自宅から始まった。高橋さんは地域で解放運動に長年携わり、これまでも京都新聞や関西テレビなどの取材を受けてきた地域ではよく知られた存在だ。高橋さんの住む市営住宅は、京都市立芸術大学の移転に伴い取り壊しが決まっていた。2ヵ月後には道路を挟んで向かいの市営住宅に引っ越す予定なので、このタイミングで撮影を開始する必要があった。

高橋さんの自宅に、撮影用レールを持ち込み、三脚を載せてカメラを構えた。僕は彼女の正面に座り、声はセンチュリースタンドに取り付けたガンマイクで録音した。

「お名前は？」

「高橋のぶ子」

「ご出身は？」

「滋賀県の近江八幡《おうみはちまん》」

高橋さんの語りに合わせて、辻さんがレールの上をカメラをゆっくりと滑らせていく。「はなし」を演出するうえで欠かせないのは撮影だ。今回わざわざ僕の師匠である辻さんに撮影を依頼したのは、大島さんの希望もあったけれど、僕も「はなし」という映像的には単調になってしまう場面を映画的表現として撮影できるのは辻さんしかいないと考えたからだ。

辻さんが自身の会社のウェブサイトに『私のはなし　部落のはなし』の撮影について書いた文章がある。以下、その全文である。


この映画は人々が部落について対話する複数のシーンが軸となっているのですが（映画の最初の仮題は「対話と構造」でした）、じつは3〜4人が対話する場面も全て1台のカメラで撮影しています。

これは通常の撮影ではほとんど行われないやり方です。複数人による対話の場合、複数台のカメラで各々の表情を逃さず記録します。テレビの対談番組などを見るにつけ、それが常道だと思われていいます。しかし、この映画では対話の人が何人であろうと常に1台のカメラ、つまり常にたった一つの視点から撮られています。

なぜか。それは、映画の「まなざし」をしっかりと確立したかったからです。

テレビのスタジオ番組以外でも、日常生活に配信映像やオンラインミーティングが急速に浸透してきた今日、カメラとは、人称をもたない無色透明なチューブのようなものである、という意識が多くの人に共有されつつあるように感じます。機械である以上、それは事実でもあります。逆に、人が操作するカメラを「意志を持ったレンズ」などとひねって言うと、気味悪いニュアンスさえ含んでしまうかもしれません。

しかし、ドキュメンタリーキャメラマンである私の言い方で言うと、カメラはそれを持つひとの「まなざす力」でもあるのです。つまり、この映画の撮影において、私はなにを「まなざす」のか。そのまなざす方向と力にこそ、映画の主題が顕れるのだ、と撮影という映画の「形式」を担う重責を承る私としては考えます。

この映画は、発話するひとの横顔しか写さない場面がとても多くあります。本来、正面の顔を捉えた方が、その人の表情は分かりやすい。当たり前です。ではなぜ、わざわざ表情をはっきり見ることが難しい横顔を撮影するのか?

私たちは、人が話し合っているのを真剣に聞く時（自分が対話の当事者でない場合）、その人の正面にずかずか回り込んで話を聴くでしょうか。

人の話を傾聴するとき、その人の声と情熱の向かう方向を、横からそっと、でもじっと、強い視線でまなざすのではないでしょうか。

部落について一人の人間としてまっすぐ「まなざすこと」を映画の形式としてビルトインすること、それこそがこの映画の撮影を担う者がなすべき仕事である、と考えました。
（ハイクロスシネマトグラフィ「『私のはなし　部落のはなし』5／21より遂に公開！」２０２２年５月８日）

ここで辻さんは「まなざし」という言葉を使っている。ドキュメンタリーの「撮る」という行為は、単に映像として目に見えるものを記録することではない。辻さんの「視る」という行為を通じて、もう一つの世界を見えるようにすることが撮影だと僕は考える。小川紳介はドキュメンタリーについて「キャメラに写されてる人と我々との関係のありようを撮っている」と語った。つまり辻さんの「まなざし」がつくる関係性が映っている、ともいえる。

ちなみにカメラマンとの関係性づくりも監督の仕事の一つである。今回、僕は初めて監督として辻さんと仕事をした。ドキュメンタリーの撮影では一般的に、監督が「あれを撮って。こんな感じで」といちいち細かな指示を出すことはない。撮影する場を設定するのが監督の仕事であって、何を撮るのかを決めるのはカメラマンの仕事なのだ。僕自身、カメラマンをしていて、いちいち干渉してくるタイプのディレクターとは相性が悪い。だから基本的に撮影は辻さんにお任せだった。ただ、風景やある演出意図がある場合は指示を出さねばならないのだけれど、これも単に出せばいい、というものでもない。

「辻さん、あの建物もう少しアップで撮れませんかね？」

「いいよ。……はい、撮った。次は？」

辻さんは具体的な指示を出すと、たいてい淡白な撮影をする。この場合、マズいのは僕の言い方だったのだ。そのような反省を踏まえて、三重県の伊賀市の田園風景を撮影していた時にはこう言った（ような気がする）。

「この田園風景にも差別が内包されているので、美しくも残酷な感じでお願いします」

自分でも何だかよく分からないことを言ったが、辻さんは「おお、わかった」と勢いよく撮影を始めた。ファインダーをのぞく後ろ姿からは集中力が漲っていることが感じられたし、実際に撮影したカットも素晴らしかった。

「僕の場合、抽象的なほうがやる気出るんだよね」と、のちに辻さんは語った。こういった経験を通じて、スタッフの腕だけでなく関係性が作品の品質に大きく関わるということを改めて学んだ。

対話を演出する

対話シーンは演出面でも工夫した。ともすると、ただのトーク番組になってしまうからだ。基本的な狙いは、出演者同士の関係性を撮ること。これは通常のドキュメンタリーの演出手法と基本的にはさほど変わらない。

一般的なインタビュー撮影は、作り手と被写体との関係性のなかでのコミュニケーションを撮ることになる。だから被写体の素振りは、作り手に対する振る舞いになる。例えば、主人公と家族との関係を描きたい場合、家族の単独のインタビューだけを撮るようなことは特別な狙いがない限り、あまりしない。家族で食事をしてもらうとか、出かけてもらうだとか、彼らの関係性が垣間見えるであろう状況を設定して（もしくは自然とそのような状況になるのを狙って待ち）そこを撮影する。作り手と主人公との関係性では絶対に見えてこない、主人公と家族との関係性を撮ることで、主人公の別の一面が垣間見えてくる。

対話シーンは、彼らの関係性のなかから見えてくる一面から立ち上がる部落問題を撮ることを狙った。だから、やっていることは基本的に食事シーンと同じだ。そもそも「対話」とはコミュニケーションの過程であって、そこで何か結論が出て完結するような性質のものではない。「対話」は次の「対話」のためにある。そこに求めるのは結論ではなくどこまでも「場」と「コミュニケーション」そのものだ。

対話の場を設定するにあたって決めたことは、対話する場所、誰が誰と話をするのか、どんなテーマで対話をするのか、この3つだった。

いくつかの決まり事として、

「出演者は親しい人物ですでに人間関係が出来上がっている」

「監督は口を挟まない」

「人の話をさえぎらない」

といったことを設定した。

これらは妻から教えてもらったオープンダイアローグ（「開かれた対話」。フィンランドで1980年代から開発と実践が続けられた精神疾患に対するケアの手法）から学んだ。実はこのなかでいちばん難しいのは口を挟まない、ということだ。監督とは欲深いもので、どうしても現場であれこれ聞きたくなってしまう。事実、本作でもインタビューでは話を聞きすぎたな、という反省がある。そんな自分を自制するために、対話シーンの登場人物とはほぼ事前の打ち合わせを行っていない。

現場の具体的な進め方については、話者の一人に司会進行役を務めてもらった。具体的に言えば、伊賀の4人での対話シーンは松村元樹《まつむらもとき》さんに。ママ友3人は藤井真弓さんに。北芝の若者3人は中島威《なかじまたける》さんに。映画の終盤近くに車内で話す兄弟は、例外的に双方と打ち合わせを行っている。たとえば伊賀の4人のパートの場合、

「被差別部落との出会い」

「被差別体験」

「子どもやパートナーにつたえるのか」

など、事前の打ち合わせでは細かい内容まではつめずに、大まかな話題のみを設定した。僕の方から「こういうエピソードをはなしてください」と具体的な指示はほとんど言わなかった。

いちばん大事なことは話者が「話したい」と思えることだ。だから演出の仕事としては、彼らの「話したくなるテーマ」を設定する必要があった。

伊賀の4人の場合、地域のNPOでいつも顔を合わせるメンバーだけれど、実はこれまで膝を突き合わせて部落問題について話をしたことがなかった。だから親しい間柄で部落問題について語り合う機会は、進行役をお願いした松村さんにとっても「よい機会」であると捉えてもらえたのだ。「話したい」という想いがあるからこそ、カメラが回り始めても、監督の存在を気にせず彼らの思うままに話が続いていった。僕が口を出すのは、「すいません、バッテリー替えます！」といったことくらいである。僕の仕事は存在感を消すことなのだ。

北芝の若者3人に関しても基本的には同じアプローチだった。若い世代の話を聞きたかったので、まず、和太鼓・絆で知り合った中島威さんに映画の出演を依頼した。2020年のはじめ頃に彼から「やります。やってみたいです」との返事をもらい、じゃあ誰に話をするか？という相談になった。

「いつも太鼓に来てくれる小学校からの親友がいるんですよ。その子とは一度も部落の話をしたことがなくて。ちょっとしゃべってみたいし、逆にオレが太鼓やってるのをどう思っているのか知りたいんですよ」

そこで、大下大輝さんに声をかけた。寡黙な彼は初め は「ちょっと……」と渋ったが、中島さんが「やろうや」と半ば強引に勧誘した。さすがに二人っきりだと彼も話しにくそうだったので、小学校から仲がよい藤村弘龍さんに声をかけることとなった。

　彼らとは3人で打ち合わせをした。司会進行は中島さんだったが、そもそもこれまで部落問題について触れる機会がなかった若者たちだ。それゆえに語り合うためにはそれなりの準備が必要になる。撮影前にこちらからお願いしたのは、親への聞き取りだ。それぞれ親と被差別部落とのかかわりについて聞いてそれを撮影の日に話してもらう、そのような段取りをつけた。本作のラスト、彼らがザ・ブルーハーツの『青空』を歌うシーンは、この打ち合わせのなかで生まれた。

「せっかく3人で集まったし、語る以外になにかする？　歌でも歌う？」

「あ、だったらおれブルーハーツの『青空』歌いたいです」

「ブルーハーツ？　渋いね。知ってるんだ」

「学校で聴いたことがあって、歌詞がいいんですよ。いつもカラオケで歌ってます」

『青空』は中島さんからの提案だった。

「じゃあおれウクレレ弾けるんで、持ってきます」と弘龍さんが乗ってきた。偶然が重なり、本作のラストの展開が生まれたのだ。これがもし、監督からの提案で『青空』を歌ってもらったら、きっとあまりにもあざとくて、とてもじゃないが正視できないものになっていただろう。本作で奇跡的に成立しているのは、彼らが『青空』を歌いたい、という欲求があったからだ。ドキュメンタリーを作っていて面白いと思うのは、やはり己のちっぽけな想像力を吹き飛ばすような展開が現実に起きる時だと思う。

大学時代に原さんから「ドキュメンタリーは被写体の欲望を撮る」ことだ、と教わった。もちろんそれだけではないと思うのだけれど、本作ではその教えが役に立った。監督が意図するものではなく、出演者の欲望（想いと言い換えた方が適切だろうか）にかなう場を設定すること、それが今回の対話シーンを成功させるために必要だった。

後になって気づいたことがある。よくよく考えれば、松村さん個人にはほとんど取材らしい取材をしていない。彼の生い立ちや、活動の動機などはほとんど尋ねていなかった。それは中島さんや他の人も同じ。でも、それが逆に良かったと思う。知れば知るだけ撮りたくなってしまう。目の前で起きていることを凝視せずにこちらの意図に囚われて見てしまう。だから僕は現場ではほぼ何もせず、ヘッドホンでマイクが拾う音に耳を傾けていた。

実は、一ヵ所だけ僕が口を出した箇所がある。北芝の3人が対話する場面だ。基本的には介入しないようにしていたが、同級生から「らいとぴあ（人権センター）だと怖いと思う子がいるかもしれない」という言葉を投げかけられた中島さんが「とても怖くなった」という話をした。その時、二人の友人は少し地に足がついていない印象があった。だから対話の呼び水になるように声を掛けた。

「二人はさ、今の話聞いても結構、第三者的な感じだけどさ、友達としてそれはいいの？」

撮影を始めてから2時間経ち、もう話題が尽きた瞬間を狙って声を掛けた。その後の対話で何か答えが出るわけでもなく、僕が声を掛けたことで、歯切れの悪い終わり方になった。でも、僕はそれで良いと思った。もし友人が差別された時にどうすれば良いのか？　彼らは友人だけど他人でもある。当事者と非当事者の溝がそこにあった。3人の対話は「うーん」と考え込む中島さんの表情で終わる。

撮影直後は「あれは余計だったかなあ」と反省し、僕の非礼を詫びた。

「最後にちょっと気まずい感じになってしまって、申し訳ない」

すると、

「いえいえ。こうやって部落問題のこと話せる機会がなかったんで、僕らにとってもいい場でした」

と中島さんが答えた。3人は仲良さそうに撮影の片づけを手伝ってくれた。

当事者以外に部落問題を伝えるのは難しい。けれど、こうやって「わからない」ことを「わからない」と言い合える関係が彼らにはある。相手のことが完全には分からないけれど、一緒にいることが出来る関係性を築くことがとても大事だと僕は若者3人から学んだ。映画完成後も彼らは変わらず友人のままだと聞いている。

そして中島さんから、

「弘龍は最近、撮影したときと考え方変わったって言ってましたよ」

彼がどんな風に変わったのか、また北芝を訪れた時にでも聞いてみたい。

子どもが生まれて

２０２０年２月に息子が生まれた。その直後に新型コロナウィルスが流行し、本作の撮影も中断を余儀なくされた。不幸中の幸いというか、子どもと触れ合う時間はたっぷりあった。子との時間は本作には直接関係ないが、人間についての洞察がより深くなったように感じた。また映画という行為が如何に贅沢であるか、ということも実感した。子どもが生まれてから、映画館に行くことが物理的に難しくなったのだ。

そして、映画のアイディアや思考は家事をしたり子育てをしている時に浮かんでくる。例えば、幼児は泣くことでコミュニケーションを取る。そして成長すると「イヤ」という言葉で意思を表明する。なるほど、人というのはまずは否定することからコミュニケーションを取るのか、と納得した。そういえば僕の大好きな映画『猿の惑星：創世記《ジェネシス》』（ルパート・ワイアット監督・11）で、主人公のチンパンジー・シーザーが人間の抑圧に耐えかねて初めて言葉を発する場面で彼は「Ｎｏ！」と叫んでいた。基本的人権とは「Ｎｏ」と言えることなのではないか、と子育てを通じて考えるようになったのだ。

「ことば」を習得する過程も面白い。うちの息子は一人称がなぜか「んふ」だ。はじめは何を意味するのか分からなかったが、コミュニケーションを通して「私」を指していることが分かった。「んふ」という意味不明な「ことば」が「私」を意味するように僕の頭の中で訂正されていったのだ。でも意味を知らない人には全く伝わらない。また、息子は救急車が大好きなのだが、言葉をしゃべり始めてすぐは「くーかーくーかー」とサイレンの音が「救急車」を指す「ことば」だった。やがて大人が「くーかくーかー」を「救急車」という言葉で指していることに気づき、息子も「くーかーくーかー」を「救急車」に訂正していった。このやり取りがとても面白かったし、自分なりに言葉を生み出す息子がとても可愛かった。僕は育児を通じて「ことば」の不思議な側面を実感した。

そういった諸々の経験は、台所で洗い物をしている時に「はなし」の映画から「ことば」の映画へと飛躍した発想が、間違いないものであると教えてくれた。

作り変えられる「徴」　文字を書くという身体

2020年8月30日。この日は静岡大学で黒川みどりさんの撮影を行った。

「コロナ禍で大学に行くことが無くて……散らかっていますが大丈夫ですか？」

彼女の研究室は、壁一面に資料があふれかえっていた。

「辻さん、ちょっと狭いですけど大丈夫そうですか？」

「大丈夫じゃないかな」

撮影を行うには、人物の座り位置と背景を決めなければならない。一見十分な広さに思える部屋でも、セッティングしだすとカメラは壁ギリギリ、ディレクターも三脚とライトスタンドの間に挟まるような窮屈なところから質問する、そんな光景はよくあることだ。

部屋の中央に机があり、黒川さんが座る椅子、さらに黒板を撮影用のポールでセットしたため、僕たちが使える空間は多く見積もっても1・5m四方しかない。その空間に撮影用のレール2本をどうにか設置して、僕が座り、机の隙間にライトスタンドとマイクスタンドをねじ込んだ。

歴史をどのように語るのか？　悩んだ末に黒川さんには近代以降の部落史を被差別部落の呼称を切り口にして語ってもらうことにした。「はなし」がモチーフである本作は同時に「ことば」の映画でもある。明治以降、「新平民、特殊部落、被差別部落、同和地区」など様々な名称が被差別部落にはつけられてきた。このフィクショナル性に焦点を当てることで、部落問題を社会問題という枠組みからはみ出して、記号的に解釈することが出来ないかと考えた。

ヒントになったのは、その時たまたま読んでいた『新記号論』（石田英敬・東浩紀／ゲンロン）。そして、「記号学」を提唱したスイスの言語学者フェルディナン・ド・ソシュールだ。趣味レベルの解説で恐縮だが、彼は「言語は差異のシステム」、つまり言語とは何かと何かを区別するためにあるのだといった。たとえば黄色くて丸いモノをミカンと認識したいから「ミカン」という名前をつけたのではなくて、他の何かと区別したいから「ミカン」という名前を付けた。つまりモノがあるから言語が発生したのではなくて、区別する必要があるから言語が生まれた、というのだ。

身近な例を挙げると、僕の息子は麺状の食べ物を「ちゅるちゅるめんめん」という言語で表現する。「うどん」も「そば」も「はるさめ」も存在しない。息子にとって区別する理由がないからだ。存在は言語によってはじめて「存在」するのだ。
加えて、この区別の基準はその社会や文化における価値観が反映される。日本語では兄や弟という生まれた順番による区別があるが、英語ではまとめて「brother」と表現するのがいい例だろう。近代以降、被差別部落を区別し、差別の記号となる言葉を生み出してきたのは誰なのか？　この黒川さんとのやり取りが映画のオープニングとなった。

黒川「解放令で穢多・非人等の呼称を廃して、平民になったんですよね。差別し排除したい側は被差別部落を作ってきたので。作ってきたが故に、ある種、創造物であるがゆえに、それに伴って呼称も変わってきたのかもしれないですね」
満若「ある種フィクションってことですか？」
黒川「そうですね、まさにフィクションですね」

僕は映画の前提として、部落差別は差別する側のフィクションであり、そこから部落問題を「ことばの問題」であるとの仮説を立てた。この仮説は、一見すれば部落問題を軽く考えているように思うかもしれない。しかし「ことばの問題」はソシュールがいうように文化的な文脈として見ることができる。つまり、「ことば」によって被差別部落が作られてきた以上、「ことば」を作り出す社会や文化が変わらない限り、そう簡単に差別が消えることはないだろう。そして、「ことば」の問題とすることで、部落差別がこの社会に点在しているのではなく、僕たちが生きる社会が形作る関係性の網の目の中に織り込まれている、とイメージできるのではないだろうか。被差別部落出身者がルーツを名のることに葛藤を抱くのは、家族や地域との関係性への配慮もあるだろう。子どもの結婚に反対した親は「自分はいいけど、親戚や兄弟が気にする」と関係性を持ち出して差別を正当化する。関係性が複雑に絡み合っているからこそ、解きほぐすのが難しい。部落差別は関係性の中にあると考えたのだ。

さて、「ことばの映画」ではあるが、黒川さんの場面も、研究室にただ座って話を聞いて説明してもらうだけでは意味がない。歴史パートだけれども、どうにかしてインタビューではなく黒川さんの「はなし」として撮り、そして「部落の呼称」にも身体性を持たせたかった。

そこで思いついたのが黒板だった。黒川さんの研究室に持ち込んだ黒板は、辻さんの会社にあったものをお借りした。辻さんは城西国際大学のメディア芸術学部の講師も務めている。そして、コロナ禍でリモート講義をすることになった時に、ホワイトボードでは面白くないから黒板で講義をしていた。

「満若君、黒板ってね、やっぱいいいんだよ‼」

ある時ふと、辻さんから興奮気味に自慢されたことを思い出した。そうだ、黒板を使えば黒川さんが「書く」というアクションが撮れるし、また書かれた文字にも身体性が宿る。それにチョークの音がいい。黒板を使えば、黒川さんの話を「はなし」として引き出せるのではないか。結果的に、黒板を生かしつつ、まるで喫茶店でおしゃべりしているかのような自然な黒川さんの「はなし」を撮ることが出来た。

「あんな早口で喋ってて大丈夫ですか?」とご本人は心配していたが、あの場面では黒川さんが口で語っているのではなく、身体で語っているように僕は感じた。だから「解説」ではなく「はなし」として成立したのだ。

このころから、文字を書く、そして読む、という動きについて考えるようになった。単に資料を紹介するのではなく、朗読する。単にテロップを出すのではなく、文字を書く、というアクションを一つ噛ませる。このことで、文字が意味だけでなく、身体性が現れてニュアンスを帯びるようになるのではないか。

黒川さんの撮影を経て、松村さんによる歴史的な文献の朗読、そして釆奈菜子《うねななこ》さんによる手書きの文字へと発展していった。

文献を朗読する　読むという身体

黒川さんの「はなし」と並行してもう一つの縦軸となっている松村さんの朗読シーンは、撮影の終盤2021年2月に撮影した。本当は外で撮影する予定だったのだが、撮影当日はあいにくの雨で、急遽松村さんの職場の事務所をお借りして撮影することになった。

なぜ過去の文献を朗読したのか？　歴史的な経緯については黒川さんの「はなし」があるが、あくまでも「名称」という切り口での話で、それを補完するという意味合いもある。もう一つ大事な点は、部落史は被差別部落という共同体の歴史であり、それをつくってきた眼差しの主体の歴史でもある。過去の文献も「差別意識の歴史」という登場人物の一人なのだ。文献は、中世から2000年代のネット上の投稿までを朗読することにした。選定については黒川さんの研究が大変参考になった。彼女の研究がなければ、この映画を作ることができなかっただろう。

映画的な側面からも必要なシーンだった。文献の引用を唐突に挿入することで物語に変化をつけ、間接話法的に解説する方法は、大西巨人の長編小説『神聖喜劇』から着想した。ちなみにこの小説は、辻さんから「たしか部落の話がでてたはずだよ」と教えてもらったことで読み始めた。小説の舞台は1942年、日本陸軍の対馬要塞。主人公・東堂太郎陸軍二等兵は並外れた記憶力を武器に理不尽な上官たちと戦う……というストーリーだ。そして、主人公の友人・冬木照美は被差別部落出身者であり、軍隊内部で差別が行われる。部落問題はこの小説の大きなテーマの一つとして取り扱われていた。

僕がこの小説で面白いと思ったのは、時折、東堂の回想や思考内容として、様々な文献が引用されている部分だった。いちばん面白かった場面は、主人公たち新兵が朝食後に部隊長から叱られている場面の描写だ。主人公・東堂の意識は部隊長ではなく、内面に向かい、唐突にトーマス・マンの『トニオ・クレーゲル』の一節を思い出す。しかもドイツ語の原文で。そしてその直後に急に便意を催し、排せつの段取りについて意識が向かう……。説明してもこの面白さはなかなか伝わらないので、ぜひ原著を読んでいただきたい。『神聖喜劇』には様々な文献が引用されることで、物語の時間軸を切り裂きながら、しかし構成上の配置は計算されていて、物語をドライブさせる——そんな効果があった。

映画内でなぜわざわざ朗読をしたのか？　単にナレーションで文献を引用すればよいのではないか？　と思う方もいるだろう。しかし、こういった文献を松村さんが読む意味はある。松村さんはこれまでネット上の差別投稿をモニタリングしていた。本作の最後に読みあげるものは、松村さんが収集したものだ。だから05年とか少し古いものが混じっている。その過去へさかのぼった延長線上に、さらに昔の差別的な表現が掲載された文献があるのだ。松村さんはプロのナレーターではないし、朗読に慣れているわけでもないが、僕の無茶なお願いに嫌な顔一つせず、読んでくれた。本当にありがたいことだ。朗読の途中、噛んだり、つまったり、読み間違えたりしたが、僕は逆にそれが映画としての存在感の強さ、身体性に繋がっていると考えて、観客の理解を妨げない範囲でそのままにした。

テレビドキュメンタリーを思い出してほしい。ナレーターが一言一句、正確に、流れるように読み上げていて逆にナレーターそのものは印象に残っていないはずだ。そもそもナレーションは言語情報で映像を補完することを目的とするから、ナレーターの身体性は必要ない。むしろ排除すべき要素なのだ。最近のTVでは俳優がナレーションを担当する番組をよく見かけるが、ナレーションのたびに俳優が気になっていたら番組は成立しないだろう。

だから今回はその逆を行った。スムーズに読まないからこそ、文献のテキストが松村さんの身体をとおして「過去」の差別意識が「現在」に存在感を持って立ち現れてくる。人間とは誤るものだし、逆にそれは新しい変化を生み出す土壌になる。身体性とはそういった揺らぎを常に内包している。

もう少し説明すると、テキストは執筆者によってある意図をもって書かれたものだ。それを誰かが読むことで、例えば批判的な目線だったり、そこに新たな意味が付与される。そして朗読を聞く観客があらたな解釈を生む。執筆者の意識↓テキスト↓朗読↓観客といったようにテキストを書いた差別意識からは相当な距離ができる。この距離がとても大事で、距離があるからこそ当時は「当たり前」だった差別的な表現が観客によって「差別的」だという批評を加えられる余地が生まれるのだ。

「エタを誇りうる時が来たのだ」

僕は水平社宣言のこの一節を「ことば」の意味の転換を宣言したものと解釈している。「ことば」の意味は使っているうちに常に変化していく。それが「ことば」の性質の一つだ。「部落」という言葉だって元々は「集落」を指し示す言葉だったのだから。だから、部落問題は、もっと語って、もっと語られる必要があるのではないか。語りを繰り返すうちに新たな意味や

松村元樹（まつむら・もとき）さん

1981年三重県生まれ。公益財団法人「反差別・人権研究所みえ」常務理事兼事務局長。部落解放同盟前川支部書記長。『私のはなし 部落のはなし』のナビゲーター的な役割を担い、文献資料からインターネットのヘイトの書き込みまで冷静に読み上げる。三重での座談会場面にも登場する

釆奈菜子（うね・ななこ）さん

1996年大阪府生まれ。京都市立芸術大学在学中『私のはなし 部落のはなし』に関わり、テキスト制作と「語り」を行う。映画の後半、工事のフェンスの前で朗読する場面は、芸大移転にともない取り壊された市営住宅（髙橋のぶ子さんが暮らしていた）の跡地。右手に見えるのは京都タワー

黒川みどり（くろかわ・みどり）さん

三重県生まれ。静岡大学教授。日本近代史・思想史専攻。著書に『つくりかえられる徴 日本近代・被差別部落・マイノリティ』（解放出版社）『近代部落史 明治から現代まで』（平凡社新書）『描かれた被差別部落 映画の中の自画像と他者像』（岩波書店）など。時代ごとになぜ被差別部落の名称は変えられていったのか。なぜ、見えないかたちでいまも差別は残りつづけているのか。歴史的な背景を平易に解説する「はなし」は映画の柱となっている

価値、評価が生まれてくるはずだ。朗読の場面で僕はそんなことを考えていた。

眼差しの主体を撮る　差別する身体

「部落探訪」の同行以後、取材を行っていなかった宮部氏に再度インタビューを申し込んだのは、少し時間が飛んで編集作業に入っていた2021年の3月。この日は辻さんの予定が合わなかったため、撮影の先輩でもある佐藤洋祐さんにお願いした。佐藤さんは僕が助手時代からお世話になっている信頼できるカメラマンだ。この場面以外にも高橋のぶ子さんの晩酌と引っ越しの場面、またいくつかの実景も彼が撮影している。

彼の自宅では撮影ができないので、近くの座間谷戸山公園で行った。室内よりは広がりを感じる屋外の方がいいだろうと思ったからだ。撮影中、近隣のキャンプ座間から離陸した米軍の戦闘機が飛び、轟音でなんどかインタビューを中断せざるを得なくなったのは、ドキュメンタリーとして面白い効果があったように思う。

僕が彼に聞きたかったことは一つだけ。彼が「部落」と「同和」という二つの言葉をどのように使い分けているのかを知りたかったのだ。歴史をたどると「同和」という言葉は、昭和天皇が即位した際の勅語「人心惟れ同じく、民風惟れ和し」が由来といわれ、「同和地区」「同和教育」など部落問題を語る際に広く使われてきた。法務省では「部落差別（同和問題）」と表記している。

取材中に年配者の雑談のなかで「あの人は同和やで」と省略して話される場面に出くわすことがある。そのニュアンスは「部落」という言葉よりも、少しネガティブな意味を込めて使っている印象を受ける。ちなみに公的には「同和」単独で使用すると賤称にあたるそうだ（これは本書を執筆中に知った）。

本編の映画に登場する三重県伊賀市の古老は「同和っていう一番悪い名前を付けてしまった。部落じゃなくて、同和地区っていえば差別じゃないと思っている。でも俺から言わせたら穢多法師から同和に変わっただけ。結局は部落やって指さしている」と語っていた。これは大変重要な指摘だと思う。「部落」と「同和」、この二つの言葉をあえて使い分けるのはなぜなのか？部落問題を「ことばの問題」と仮定した本作において、言葉の使い分けは彼を取材するうえで大事なテーマだと考えた。

僕は情報収集もかねて、この6年間「部落問題の映画を作っている」と、いろいろな人に言ってきた。そして「血が濃い」「税金を横領している」「電気を盗んでいる」「関わらない方がいい」など根拠のない偏見と差別意識に満ちた反応が返ってくる経験をしてきた。宮部氏の考え方を支持する人はいるし、大なり小なり同じような考えを抱いている人が実はとても多いという実感があった。それゆえに、彼を通してその現実を描く必要があると僕は考えた。

眼差しの主体側を描くと決めてから、普遍的な差別意識そのものを語れる人物にどうしても話を聞きたかった。時間がかかったが、信用する人物の紹介で本作に登場する60代の女性に出会うことができた。彼女には出演を一度断られている。しかし、再度、お願いしたところ、「そうね、こういう人もいるっていうことを知ってほしい」ということで、顔を出さず、声を変えるかについては後で相談という条件で撮影することを了承してもらえた。


「あなたは被差別部落に対して差別的な気持ちを持っていますか？」

「持っていますね」

「具体的にどのような？」

「うーん。生まれたときからというか。お腹に居るときから。そういう環境のなかで育ってるから。城下町だったからね。だからそういう、昔の階級？　みたいなのが、あったもんだから」

（中略）

「今回聞いた話を顔を出して話すのは後ろめたいですか？」

「それは後ろめたいんじゃなくて、やっぱり、あたしの田舎ではそういうきちっとした、地域があったわけでしょ。そういう部落が。じゃあ今頃になって、ああ私はそういう考えで、わたしたちと付き合ってたのかっていう、部落の人が見れば、あんまりいい気持ちじゃないと思う。仲ように遊んでるのに、腹の中は、そう思ってたんだ。って思われると、今からのお付き合いが出来なくなっちゃう。その人たちと。今続いてるから」

「それは良くないことだという思いがあるからですか？」
「何回も言うように、それがもう染みついてるから。ウチの家は違うんだって言うのがね。どこかにあるんだと思うのよ」

「染みつく」これは身体が反応してしまうということだろう。アスリートが何度も何度も繰り返し練習しながらフォームを調整するように、繰り返し意識させられた差別意識はやがて身体レベルにまで浸透する。そして、頭ではなく身体が差別を行うようになる。身体に染みついた拒否反応を意識でコントロールすることは、自転車の乗り方を一度覚えたら忘れることが難しいようにとても難しい。この身体が拒否する感覚を、僕は身をもって知っている。

僕は神や仏に手を合わせられない。
僕は無宗教だ。神を信じない。葬式や墓参りでは故人という「人」が対象なので何とか手を合わせることができるが、それ以外は身体が拒否する。僕はこれまで神社でのお参りもしなければ、食事の前に手を合わせない。それは僕がそのように育てられたからだ。かいつまんで説明するが、僕の父親は奄美大島の出身で、父方の祖母はユタだった。地元の人はユタを神様と呼ぶ。僕の祖母は神様だった。そして、父は祖母への信仰以外はすべて異教として排除した。卒業制作『父、好美の人生』で父はこう言った。

「奄美のシャーマニズムの世界とユダヤ教の世界はよく似ている。天から選ばれた民族って言うでしょ？　あの考え方はこういうのに根付いている。おばあちゃんは選ばれたんだ」

父は何かあればいつも祖母に祈っていた。

「だから満若の血は尊い。いつも祖母が守ってくれるから心配ない」

それが父の口癖だった。そして「穢《けが》れ」についても非常に敏感だった。葬式の後には玄関に塩をまき、なるべく人の死とのかかわりを避けるように教えられた。給食を食べる前の合掌もしてはならずからかわれたし、神社に遠足に行っても一人遠くから参拝を見つめていた。また、祖母の仏壇へは二拍手して合掌していた。これが一般的でないことは大人になってから知った。子ども心に満若家を「尊い」と思う心根は、同時に血族以外を「穢れ」と扱うことなんだと感じた。僕はただ「普通」でいたかったし、「違う」ことがとても苦痛だった。できればもっと「普通」の家で生きたかったと今でも思う。でなければ、わざわざこんな苦労をして映画を作ることもなかっただろう。

父の血への拘りにやがて僕は反発するようになった。

「血なんてクソくらえ」

しかし、父の信仰に反発しながらも、長年の習慣によって、神社仏閣などに手を合わせる行為だけはできなかった。我慢して手を合わせると体の奥底からムズムズとした不快感が湧き上がり、どうしても受け入れられなかった。

「神が存在するならなぜこんなに苦しいことばかりなんだ。もういい。ニーチェのいう通りすべての神は死んだんだ」

こうして文字にすると、なかなか痛々しいが、事実当時の僕はそのように感じていたので仕方ない。僕は無宗教を選ぶことにした。それが、この宗教を拒否する身体を受け入れる唯一の方法だった。

卒業制作『父、好美の人生』はそんな僕の葛藤にけりを付けるために作った映画だった。この映画は、離婚後に京都で一人暮らす父の生活から始まる。一方で母は東京で生活していた。離れて暮らす父と母の間を「僕」が媒介となり再びやり取りが始まる。そして家族であるがゆえの「溝」が浮彫となり、分かりあえないことを再確認する、そんな作品だ。

映画の中で、離婚後も姓を変えずにいた母に父からの手紙を渡した。「僕」にとって、父の世界観は母からも強制された記憶があり、僕の目には共犯だったようにしか見えない。今になって父がすべて悪くて、自分は悪くないという母の態度に苛立ち口論になった。「あんたにはわからないわよ」と母は言い放ち、手紙を破り捨てる。母に僕の気持ちは分からないし、僕も分からない。

破れた手紙を父に渡すと「初めてのラブレターだったんだよ。悲しいけどしょうがない」と言って平静を装う。映画の終盤、父と母を対面させたが、結局は不毛な口論になって終わった。父と母は分かり合えないことを僕は撮影しながら再確認した。

終盤、僕は父にこう言った。

「本当はこの撮影を通じて親父の世界観を否定したかった。そのせいで親父の幸せは奪われたんでしょ」

「そらしょうがないじゃない。いまさら取返しがつくわけじゃないしね。それをもってあれは間違いでした、すいませんっていかないじゃない。そういう勇気もないし」

「じゃあ家族の問題は世界観に関係なく親父自身の問題だったってこと？」

「そう、そういうところはあるよ」

「親父を不幸にしたのは親父自身だったってこと？」

「そういうこともいえる」

「否定しようと思って始めた撮影だけど、それが出来なかったってことだけ言いたかった」

話が終わり、立ち上がった父は、カメラに背を向け仏壇の方を見ながらこうつぶやいた。

「このご先祖様にどんだけ奇跡が起きたか……もうお父さん信じ切ってるよ」

撮影を通じて、父がその世界観から抜け出すことは不可能だということが分かった。「この人は一生このままなんだろう」と、僕は自分の家族に諦めがついた。そして、僕は父と母のような人間には決してなるまいと誓った。

今回、久しぶりに僕はこの作品を観返して酷《ひど》い自己嫌悪に陥った。半年近い撮影に付き合ってくれた父と母。彼らを僕が撮影できたのは、家族だから、もっといえば、血がつながっているからでしかない。当時は映画を手段として家族を見つめ直すことに必死だったので自覚がなかったが、僕は明らかに嫌悪していた血縁を利用して映画を作っている。こんな作品づくりはもう二度としたくない。

あまり意識していなかったが、僕の価値観の基礎となっている血縁への反発、もっといえば奄美という地域への反発があったからこそ、地縁と血縁を根拠とする部落差別に対して素直に反感を抱くことが出来たのだと思う。

いまだに僕の身体は信仰を拒否する。だから60代の女性がいけないことだと分かりつつも差別を否定できない、その構造だけは理解することは出来る。父の世界観と同じように身体レベルでの意識を変化させることは難しい。そういう人に「差別はいけない」という言葉は無力だ。だからどうやってその身体と付き合い、折り合うのかが問題となる。

その一例として伊賀市の周辺地域で暮らすママ友3人の対話シーンを撮影した。

「結婚する時に親から相手の子は被差別部落の子ちゃうやろなって確認されてしまって。その時は違うよって言うので精一杯だった。今でもそれは本当に情けないと思う」

「子どものころ、被差別部落の子にいじめられて、その子は許せないけど、対個人であって被差別部落全体が悪いとは思わなかった」

差別意識を持つ親との関わりでネガティブなイメージを刷り込まれたことや、被差別部落出身者との関わりについて率直に話をしてくれた。

彼女たちは被差別部落出身者を含むママ友5人で「マダムバタフライ」というグループをつくり「みんなで部落問題を考えよう」と地域で人権活動を行っていた。僕は彼女たちの活動が被差別部落出身者と差別する側との橋渡し役になると思い、出演を依頼した。

僕のような「他者性」を持つ人々が彼女たちのように部落問題について語ることで、新たな物語を紡いでいく必要がある。僕はそのように感じていた。

自主映画『東九条』の復元

自主映画『東九条』は、山内政夫さんが18歳の時に監督した8ミリフィルムの作品だ。完成後に封印された経緯を持つこの作品は、柳原銀行記念資料館にフィルムが展示され、DVD画質に変換したものを視聴することができた。しかし、お世辞にもその画質は良いものとは言えなかった。そこで、この貴重なフィルムを再度デジタル化することには社会的な意義もあるし、かつてのスラムの姿を鮮明な映像で復元する、という工程は映画のワンシーンとしても面白いのではないかと思った。加えて「過去」の記録を「現代」に復元するという時間の動きを意識している。

お借りしたフィルムはかなり劣化が進んでいた。60分の映画で2巻に分かれている。1巻目はつなぎ目のないポジフィルムで、2巻目は編集点がそのまま残っているポジフィルムだった。それぞれ別のメーカーのフィルムだったので、おそらく完成作品の複製だったのだろう。2巻目の終わりは特に劣化がひどく、穴があいたり、またなぜかフィルムが逆につながっていたりと、かなりひどい状態だった。新たにデジタルスキャンされた8ミリフィルムには予想以上の情報が詰まっていて、とても驚いた。8ミリとはいえフィルムの持つポテンシャルに改めて驚かされた。

映画の後半に出てくる山内さんの詩はこの映画を締めくくる重要な作品だ。実はこの詩は山内さんから教えてもらったものではない。静岡大学の山本崇記さんが論文で「南京虫の唄」「ふきだまりの唄」の2篇を引用していたことからその存在を知ったのだ。これらの詩は詩集『抵抗』に収められており、山内さんの詩に感銘を受けた僕はさっそく山内さんに詩の使用許可をもらった。

「いやー、なんか恥ずかしいですわ。だいぶ昔に書いたからね」と、山内さんは恥ずかしそうにして、その時は詩についてはぐらかされてしまった。

山内さんは天性の芸術家だ。18歳で自主映画『東九条』を監督し、さらに差別と貧困に苦しむ己の激情を詩に昇華させた感性は本当に素晴らしいと思う。「未完」で終わる「南京虫の唄」と出会ったことで、本作の終わらせ方がはっきりとイメージ出来るようになった。

詩の朗読は、当時京都市立芸術大学の院生だった釆奈菜子さんにお願いした。釆さんとの出会いも偶然である。たまたま崇仁のお囃子《はやし》会を取材した時に、参加していた学生の一人が彼女だった。人当たりもよく、とても真面目そうで、「（芸大生だけど）ちゃんとコミュニケーションが取れるかも」などと、失礼なことを思いながら声を掛けた記憶がある。事実、彼女はとても真面目な学生だった。

当初、彼女には崇仁の住人の方と対話をしてもらう出演者の一人として協力してもらう予定だった。けれど、その住人の方が撮影にあまり乗り気でないことから撮影を中止した。そのために彼女の出番が宙ぶらりんになってしまった。どうしようかと考えていた時に、山内さんの詩を見つけたのだ。なにより彼女は芸大生。山内さんが書いたテキストを別の人が読む、繰り返し語り継ぐ役割として適任だった。

撮影は2021年2月に行った。ちょうど、高橋さんが住んでいた住宅が解体され更地になったタイミングを狙った。本作は「南京虫の唄」とともに更地で終わる。更地は「被差別部落」の僕なりに解釈したイメージだ。言葉は繰り返し語ることで徐々にその意味が変わる。更地にどんな意味を持たせるのか？　それは僕たち一人ひとりにかかっている。そんな気分で終わる映画にしよう。

ようやく撮影の終わりが見えてきた。

抗議をどう捉えるのか

制作にあたって心がけていたのは、「やれることは全部やる。後悔はしない」ということだった。2021年。撮影の終わりが見えてきて、あとはどう風呂敷をたたむのか？　という段階だった。僕には一つやり残したことがあることに気がついた。

16年から取材を続けていた「全国部落調査」復刻版出版事件の裁判は、最終弁論を目前に控えていた。そこで、部落解放同盟中央本部に原告への取材を相談していた。中央本部からは3名の提案があり、そのうちの一人が兵庫県連の橋本貴美男さんだった。


「冷静に話をしてくれるから、橋本さんがいいと思う」

「わかりました。僕も橋本さんとは話をしたいと思っていたのでぜひお願いしたいです」


僕がやり残していたこと、それは、『にくのひと』への抗議を受けた部落解放同盟兵庫県連合会との関係を取り戻すことだった。その後、打ち合わせで神戸にある兵庫県連合会へ出向き、およそ10年ぶりに橋本さんに会って挨拶を交わした。

インタビューの目的はシンプルで、宮部氏の行為についての批判、そして『にくのひと』への批判に耳を傾けることだ。当時のことについて議論をしたいわけではない。大事なのは、あの時から断絶した関係性を修復することだった。僕の中で『にくのひと』を終わらすためには、『私のはなし　部落のはなし』を完成させなければならない。もう一度上映することではない。封印した事実は変わらない。それを受け止めるためには、彼らとの関係の修復が必要だと考えたのだ。そのためには、改めて抗議と批判を受け止める必要があると考えた。

21年2月19日。撮影は兵庫県連の応接室で行った。橋本さんは、復刻版裁判の中での「復刻版が出たことで死者が出たのか?」という宮部氏の反論に対し、復刻版が出たことでの事例は聞き及んでいないが、自分の子どもも含め、過去に部落差別がもとになって死を選んだひとはいる、と説明した。

その時、ちょうど僕の息子も1歳になったばかりだった。わが子が自死した親の苦しみと悲しみはあまりにも辛すぎて想像もできない。そのような経験を、カメラの前で話してくれたことは有難いことだった。

次に『にくのひと』への批判に話題を移した。ここからは「監督のはなし」ではあるが、自分の映り方には気を付けた。僕の顔をはっきりと撮れば分かりやすいが、それではどうにも僕が前面に出すぎていて、「いやらしい」と感じた。ふだんは辻さんに撮影の細かな指示は出さないが、ここでは「監督である僕が話を聞いていることを、感じられるように撮ってほしい」とお願いをした。

「『にくのひと』のどのような点が許せなかったのですか?」と僕は単刀直入に尋ねた。『にくのひと』について、橋本さんが「どうしても許せない」と感じたのは、一点だった。屠場(食肉センター)で働く被差別部落にルーツをもたない青年にインタビューした場面で、青年が(出身者を含む)友人たちと野球チームを結成した際に、チーム内で被差別部落出身者に対する賤称をもじってチーム名にしようという案が出たというエピソードを笑い話として語った部分だった。インタビュー場所が居酒屋だったこともあり、橋本さんは「あの場面だけは許せない」と怒りを感じたと、改めて答えてくれた。

今であれば、橋本さんの話を冷静に受け止められる。けれど当時の僕は、笑い話にできるぐらい、若い世代（すくなくとも彼らの）の間では被差別部落の内と外の垣根がなかったことの表れで、青年が差別意識を持ってその話をしたわけではないことは映像を通じて伝わる、そう思っていた。もちろん非常に危うい発言であるとも感じていたので、その直後に中尾さんの、青年の部落問題への理解の足りなさを諌めるインタビューをつなげていた。

抗議を受けた時は、「この映画には問題がない」と反論するだけで、「なぜそこまで許せないのか」といった疑問を投げ返してコミュニケーションを取ることが出来なかった。僕は『にくのひと』によって感情を逆なでされた人がいたことをどう受け止めていいか分からなかったのだ。「そんなの感情論じゃないか」。それが当時の僕の感覚だった。しかし、僕も含めて、人間は論理や合理性ではなく感情で生きるものだ。そして、部落差別が差別する側のフィクションであれば、当事者にとって問題の軸になるのは「感情」である。僕がいくら表現についての理屈や理由を説明しても、「感情」と「理屈」ではそもそも話し合いの土台が違う。僕はそのことが分からず関係性を断ってしまった。「自分とは違う考えや感じ方をする他人がこの世界に存在すること」を理解したつもりで、全く分かっていなかった。

感情は時間によって変化し揺れ動くし一貫性はない。その感情の揺らぎを受け止め付き合い続けることが作り手の責任なのだ。そこに関係性が開かれていく。今の僕であれば、それを受け止めて、新たな表現へとつなげることが出来たかもしれない。僕の作り手としての未熟さから生み出された結果だった。

今回、撮影を承諾してもらった橋本さんにはとても感謝している。時間が掛かったが、僕はようやく抗議を一つの関係性として受け止めることが出来るようになった。訂正していきながら表現を続けていくことも作り手としての責任だと、10年の時を経て僕は思えるようになった。

3 編集

ラッシュ

編集とは、撮影された映像を物語化する作業だ。たとえるなら、撮影は食材を見つけて収穫、編集は調理する工程に当たる。どんな料理ができあがるのか、僕にはまだみえていない。

２０２１年2月末。編集を担当した前嶌健治さんとラッシュ（撮影素材をみる作業）を始めた。ここまでで撮りためた素材はおよそ60時間ほど。ラッシュはノートにメモを取りながら、早送りせずに見る。メモをする内容はＴＣ（タイムコード。映像の一コマについた番号）と映像の内容だ。このノートを何度も見返しながら編集作業を行う。

「そういえばあの場面あったよなー」

「もっと他に良いカットがなかったっけ……」

そんな時に、この編集ノートを見て、内容を探し、TCを打ち込めば即座に当該部分を確認することができる。要は素材の目次、みたいなもので、素材が膨大にあるドキュメンタリーの編集作業には欠かせない。

大事なのは、監督も編集技師もそれぞれがノートをつける、ということだ。なぜならそれぞれ感性が違うから、面白がるポイント、使いたいカットは異なる。異なるからこそ、編集が行き詰った時に突破口となるのだ。

ラッシュを進めながら、僕はNHK Eテレの「ハートネットTV」という番組の撮影で奈良県の中学校に通っていた。ちょうど受験シーズンだったので、ラッシュの間も何日かは撮影に行かねばならない。その間は前嶌さんだけで作業を進めてもらった。本当は一緒にやった方がいいのだけれど、編集の期間は収入はゼロだから、少しでも働かねばならない。

編集の進め方は大まかに以下の通りになる。
①ラッシュ
②構成
③編集

④試写
⑤①〜④を繰り返してブラッシュアップ
⑥ピクチャーロック（編集アップ）
⑦ポストプロダクション（色調整・音調整）
⑧ＤＣＰ化（映画館で上映できるように変換する）

だいたいこのような流れで作業する。

編集作業は21年3月から始めて5月ごろにラフカット版（約3時間）を作った。そして、幾度かの改訂を加えて年末には3時間25分の現在の形に落ち着くことになる。翌年5月に劇場公開だから、かなりギリギリまで編集作業を行っていたことになる。

答えのないパズル

ラッシュが一通り終わると、映像を触る前に全体構成を作る作業に入る。構成は特段決まったやり方があるわけではないが、僕も前嶌さんもＴＶでの仕事が基本であるため、ＴＶドキュメンタリーの方法で構成作業進めた。ＴＶの場合、構成はポストイットに場面とその意味を書いたものを並べていく、通称「ペタペタ」と呼ばれる作業を行う。それを見ながら「やっぱり冒頭はこっちの方がいいかな」とポストイットを入れ替えながら、全体構成を検討していくのだ。このペタペタは、全体構成を俯瞰的に見られるという側面以外に、ディレクターと編集技師の意思疎通をはかる側面がある。ちなみに僕はこのペタペタがどうにも苦手だ。ペタペタを見ても構成が全くピンとこないのだ。

ペタペタについて苦い思い出がある。僕が仕事として初めてTVのディレクターを務めたのは、NHK WORLDの番組でロシアのバレエ団で活躍する日本人ダンサーを取材した30分の番組だ。その時、NHKで数多くの番組を手掛けたベテランの編集技師から僕のペタペタに対して、「これは、ペタペタじゃなくて、ただの場面の羅列だよね」と、一刀両断されて、構成を一からやり直しさせられた記憶がある。結局、編集技師の主導で構成された番組が放送された。とても悔しくて苦い記憶ではあるが、一方で構成についてもっと勉強せねばという気持ちと、TVドキュメンタリーの作り方を知る良い経験にもなった。

編集中によく、編集技師から「彼女の特技は?」「この時、彼女はどんなことを思っていたの?」「ここなんかナレーションで言って」とか色々と注文があった。当時はその注文に答えるのに精一杯で、全体を考える余裕は全くなかった。今思うと僕が撮影してきたしょっぱい素材をなんとか番組にしようと頑張ってくれていたのだと、好意的にとらえるようにしている。

ちなみにその時の取材はバレエ団側からの取材規制が多く、3週間ロシアに滞在したが素材として手元に残った素材はたったの16時間。「こんなんで大丈夫かいな」と帰国した後は青くなっていた。けれど、帰国後にプロデューサーの谷津賢二さん（カメラマン・『劇場版　荒野に希望の灯をともす』監督）から励まされた。

「大丈夫、大丈夫。テレビっていうのは、みんなで作り上げるものだから。それにディレクターが良く撮れました！　って言って帰ってくるときよりも、ダメでした……ってしょんぼりして帰ってきた方が、案外いい番組になったりするんだよ」

たとえ方便だとしても、外部のプロダクションで初めてのディレクター作品を作るということで緊張していた僕には、とてもありがたい言葉だった。素材に自信はなかったが、最低限何とかなるのでは……という感触はあったので、谷津さんの言葉にはとても励まされた。スタッフを鼓舞するのもプロデューサーの仕事なんだと、この時知った。

さて、僕のペタペタを一刀両断した編集技師の構成は、なるほど、お手本のような構成だった。まず冒頭にバレエ団の紹介、そして主人公の紹介、主人公の特技紹介（これが結構難しい。何をもって特技というのか）そこから公演にむけての練習、本人の葛藤、そして、最後は本番の舞台でクライマックス。

構成を作るうえでいちばん難しいのは入り方だ。終わり方は案外すんなり決まるし、途中のシーンを作るのもそれほど難しくはない。この番組の場合、主人公を特技でキャラを立たせることで「なんとなく分かった気にさせる」。この「なんとなく分かった気にさせる」という「気分」は、TVドキュメンタリーの構成を考えるうえでとても重要な要素の一つだ。この気分を維持して視聴者の興味を途切れさせないことが求められる。テレビの現場ではよく「○○感が足りない」とか、「○○感が欲しいです」という言葉が使われる。要は本質的な○○ではなく、○○っぽいという「気分」を重視していることの表れなのだ。

映像は非言語のメディアであるから論文ではないし、映像に詰まっているのはあくまでも「情報の原石」だ。そこからどのような情報を取り出すかは観客に委ねられている。それゆえに、ある程度、情報の取り出し方を提示しなければならない。それが映像の構成であり、ナレーションでもあるのだ。

今回の場合、特技という「キャラ立ち」をさせたオーソドックスな構成だった。なるほど、こういった構成の基礎があるのだな、と僕は感心した。ただバレエを取材するうえで「特技」を立てたのは、作り手本位な構成のような気がして、それで本当に良かったのか疑問が残った。そういった経験が僕の構成に対する考えの基礎になっていった。ドキュメンタリーの構成、それも具体的な「型」については、これまで教えられなかったし、あまり体系化もされていない。この苦い経験が無ければ、構成についてここまで考えることもなかったように思う。


さて、本作の編集作業に話は戻る。今回の構成は困難を極めた。分かってはいたことだが、物語らしい物語が存在しないため、一歩間違えればただの場面の羅列になってしまう。一見、何の脈略もないシーンをいかに紡いでいくかが課題だった。「キャラ立ち」も何も、登場人物はほぼ語りでしか登場しないので、牽引力はその語り、そして「存在感」だった。

作業を進めるにあたって、上手くいかないことは覚悟のうえで、まずオーソドックスな、アバン（タイトルが出てくるまでのシークエンス、ＯＰ）、地域紹介、人物紹介といった構成を立ててみた。30分ほど繋いだ映像を確認したけれど、案の定、分かりやすいが物語の牽引力が弱く、とても見ていられない出来だった。前嶌さんと落胆した。

「やっぱりダメですねー」

「確かに、こりゃ違うわな」

一見必要ない時間の無駄とも思える作業だけれど、スタッフワークをする際に「この方向はダメだよね」との意思疎通をしておくことはとても大事だ。なにか新しいこと、周囲から理解されない演出や方法論に挑戦する際、多くのスタッフは反対する。なぜなら「それは難しいし、失敗するかもしれないから時間の無駄なのでは？」と思うからだ。その時に、強引に押し通すか、話し合いをするかの二択を迫られる。でも押し通してしまっては、スタッフワークの意味がないと思うし、この難しい映画は自分一人の手にはあまるので、前嶌さんの意見を取り入れながら編集すべきだと考えていた。

前嶌さんのお気に入りは高橋のぶ子さんのシーンだった。「高橋さん、チャーミングでイイよね、言葉も強いし」と高橋さんから入るべきだという意見だった。けれど、僕はまず対話シーンの見方を提示しないと、途中で対話シーンが入ってきては観客をいたずらに戸惑わせてしまうだろうと考えた。そこで、まずは「これは『はなし』の映画である」ことを観客に提示するために伊賀市の４人の対話から始める、という方針を立てて再構成を行った。すると必然的

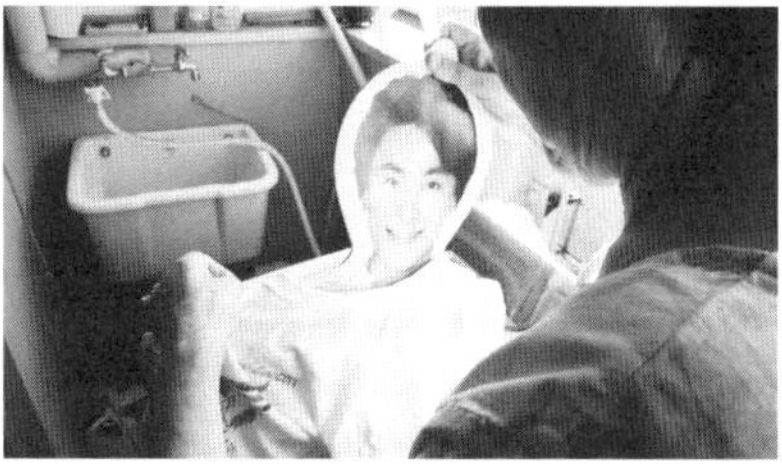

髙橋のぶ子（たかはし・のぶこ）さん

1936年滋賀県生まれ。結婚後、京都で暮らす。51年「オールロマンス事件」を契機に部落解放運動に参加。屠場で働く夫から「女が」と反対されたが、行政交渉などに加わり「いろんなことがわかっていった」と当時を語るその表情はいきいきしている。大学移転で団地を出ていく引っ越しの日までカメラが追っている。いちばん上の写真、右は満若監督。洗濯ハンガーは大ファンの歌手のグッズにいちばんはじめに三重県伊賀市のシーンが登場することになった。

全体的な構成は、黒川さんのはなし（近代部落史）を縦軸としながら、対話シーンを重ねていく設計にした。シンプルなように見えて、話しているだけの場面を、物語としての牽引力を引き出すように構成せねばならず、非常に難しい作業だ。ちょっとしたシーンの入れ替えで全体の見え方が180度変わってしまうため、完成図が分からないジグソーパズルをしているような気分だった。

手掛かりとなったのは、それぞれのシーンの立ち位置だ。北芝の若者3人が登場するのは、やはり差別の過去や歴史を踏まえたうえでないとその深刻さが分からないから後半だよね、とか、高橋さんの引っ越しも最後の方だよねとか、山内さんの処刑の再現は中世の話だからなるべく前半に出そう……そうやって、わずかな手掛かりを頼りに最後まで編集する。大事なことは一度最後まで編集して、通して見てみることだ。そうすれば、どこが上手くいって、どこが上手くいってないのか、そのシーンが持つ本当の意味が、徐々に明らかになってくる。

そして、もう一度構成を直して、調整する。その作業を繰り返すことで段々と作品としての輪郭が掴めてくるのだ。

「肉体感」

編集作業は膨大な素材から一部分を切り出して1本の作品として繋いでいくわけだが、監督は「このあたりを使いたいですね」と方針を出すのが仕事で、具体的にフレーム単位で切り出す作業を行うのが編集技師の仕事だ。逆に「ここを使いたいんだけど？」と提案されることもある。「どこを使うか？」はとても重要なポイントで、その方針が食い違うと編集作業は悲惨なことになる。前嶌さんとは今回はじめて一緒に仕事をするため、彼の好みや癖などは作業を始めてみないと分からない。このあたりの擦り合わせをするために共通言語があると意思疎通がしやすくなる。

そこで今回は「肉体感」というキーワードで作業を進めた。「肉体感」とは、映像の人物がさも存在するかのような身体性を感じる瞬間のことを指していて、会話の意味とか映像の意味は重要視しないこととした。こういった情報に還元できない「肉体感」こそが、映画にしかできない表現だと考えていた。

また、撮影が良いシーンをどうしても使いがちだが、音楽でも全編がサビでは成り立たないのと同じで、バランスが大事だと思う。ワンカットで見せるところは長く見せ、バッサリいくところはテンポよく、というリズムが必要であると考えた。また、ふつう情緒的なシーンはじっくりと、それらしいナレーションを入れたりしてたっぷり見せるものだが、余韻を残すよりも、どんどん展開する方が自分の好みだったということもあり、情緒的な場面の余韻も極力そぎ落とした。すると不思議なことに、情緒的なシーンでも映像として余韻を残さずバッサリ次のシーンに飛んだ方が、逆に見る側の心に「残像」として強く残るということが今回分かった。

3時間版の試写

２０２１年５月。編集し始めて２ヵ月。ようやく３時間にまとめることが出来た。そこで、大島さんに見せることになった。この時点で、広辞苑の朗読から始まる映画の導入と映画のクライマックス、北芝の３人から松村さんの朗読、そして「南京虫の唄」という流れは変わっていない。ここまで大島さんには２０１９年に撮影を始めた初期に対話シーンを10分程度に繋いだものを一度見せたきりだった。尺は休憩なしの３時間。僕も前嶌さんも尺は長いけれどたぶん面白いものになっているはずだ、という手ごたえはあった。

試写は大島さんが経営する会社ネツゲンの会議室で行った。編集過程を見ていないプロデューサーに見せる試写というのは毎回ひどく緊張する。編集作業は監督と編集技師で密に行うため、作業しているうちに視野が狭くなりやすい。もちろんそれがいい面、悪い面双方あるのだが、監督が面白い！　と思っていても、それが全く伝わらない表現になってしまっている可能性もある。外部の視点は作品の精度を高めるためにも欠かせない。とはいえ、万人向けの表現というのは基本的にありえない。あまりにも志向性が食い違う人物と協働すれば、齟齬《そご》とそのすり合わせに振り回されることになる。ましてやそこでプロデューサーが強く出れば、衝突することになる。これがＴＶという広い意味で公共性の強い作品づくりであれば、まったく志向性の異なる人物の視点に意味は出てくるし、あくまでも仕事なので落としどころを見つける必然性がある。

当時、大島さんの監督作品『なぜ君は総理大臣になれないのか』(20)が大ヒットしていた。とても実直な大島さんの人柄がにじみ出ていた作品だったので、試写でそこまで意見が対立しないのではないか、と基本的には楽観的に考えていた。しかし、監督という現場の仕事からプロデューサーという作品に対して俯瞰する立場に変わった時、人は往々にしてモノの見方が豹変するものだ、ということも知っていたので、おっかなびっくり大島さんとの試写を迎えた。

「いやー大作だね。尺はどう？　満若くんがこれでいいなら、俺もこの尺でいいと思う」

僕の心配は杞憂《きゆう》に終わった。いくつか気になる点を教えてもらい、次回の試写の日程を決めてその日は解散となった。その後、もう一度構成をやり直し、再度試写を行い、3時間の『私のはなし　部落のはなし』ラフカットが完成した。ちなみに、この段階でタイトルが『対話と構造』から『私のはなし　部落のはなし』に決まった。これはスタッフみんなで知恵を出し合ってようやく名付けることが出来た。悪戦苦闘した甲斐もあり本作の本質を的確に表現したタイトルになったと思う。

「僕は内容にはほとんど関わってないから、詳しくは監督に聞いてください」

大島さんはよくこのように取材に答えている。大島さんのこの姿勢のおかげで建設的に作業を進めることが出来た。現場の作業環境作りもプロデューサーの重要な仕事の一つなのだ。今回、僕はやりたいことを納得いくまでやらせてもらえた。これは簡単そうに思えてなかなか出来ることではない。人に任せることはとても勇気のいることなのである。ようやく映画の形となって、僕としては一息つけた。しかしまだまだ映画としての精度は低いというのが本音だった。

「じゃあ夏以降にもう1回編集しようか」と前嶌さんと打ち合わせ、1回目の編集が終わった。

「よし、じゃあ配給を探さないとね。満若くんはどうしたい？」と大島さん。

「そうですね。『にくのひと』の件もあるので、まずは東風さんに聞いてみたいです」

「東風さんいいよね。俺も何度かお願いしているんだけど、いつもタイミングが合わなくて」

『にくのひと』でお世話になった当時、東風は09年に設立したばかりだった。今ではドキュメンタリー映画界でその名を知らぬ者はいない会社にまで成長していた。多くの作品が集まり、配給を断られることも多い会社だ。

『にくのひと』では上映直前に中止という、使った経費も回収できない迷惑をかけてしまったので、正直断られるだろうと思っていた。

7月1日。東風の木下さんから連絡が入った。

「『私のはなし、部落のはなし』について、社内スタッフで拝見したうえで、協議しました。扱っている題材にもかかわらず、エンターテイメント性も兼ね備えた、すぐれた（でも少し変わっている）映画に仕上がっていると思います。満若監督が、『にくのひと』の後、10年間を経て、本作を完成させたことが、とてもうれしいです。『私のはなし、部落のはなし』について、是非、東風として配給させていただきたいと思っています」

こうして、映画の公開が決まり、新宿にある東風の事務所で打ち合わせを行った。

3時間25分

「じゃあ2022年のGW終わりくらいにしますか？　劇場は渋谷のユーロスペースはどうでしょうか？」

配給が入ると物事は一気に進む。劇場公開は水平社創立100年となる22年春。編集は冬までに終わらせる。大きな問題もなく会議はスムーズに進んだ。しかし、意見が割れたのは尺についてだった。

「興行的に考えるとおれは2時間半の方がいいかな。もちろん満若君の意見は尊重するよ」と大島さん。

「いやー、上映会とか、劇場のことを考えると2時間半ぐらいじゃないですか。切れるところはあると思います」と木下さん。

「いま、鳥取ループ（宮部氏）のところが真ん中じゃないですか。そこで休憩入れちゃって3時間でいいと思いますけどね」と東風の渡辺さん。

意見が割れたが、一様に「監督の意思は尊重する」という前提があったので、決断を任せてもらうことになった。

早速、尺のことを編集の前嶌さんに相談した。

「満若はどうせ長くしたいんだろ？　ここまできたら3時間でも3時間半でもいっしょだよ。『ドライブ・マイ・カー』も3時間あるし、『きみが死んだあとで』は3時間半だし、だったら俺たちも負けらんないよ」

僕の魂胆は前嶌さんには丸見えであった。3時間のラフカット版はあくまでラフカットでしかなく、まだ下書きの段階だという感触があった。ラフカット版は尺を気にして、三重県伊賀市の被差別部落を案内してくれた古老や崇仁の高橋さん、山内さんのシーンが大きく削られた状態だった。また構成と編集もまずは全体像を作ることを優先していたので、撮影とのマッチングがうまくいっていない箇所が多々あった。

そこで、対話シーンで尺のために仕方なく切っていた余白の部分を追加して、ワンカットで見せられるところはワンカットにした。逆にテンポを出せるところはそのままにして、編集の緩急をつける。するとワンカットの部分の牽引力が引き立ってくる。きな粉に砂糖だけでなく少し塩を入れた方が、味が引き立つのと同じような発想だ。

またラフカット版では連続していた崇仁と東九条の場面を前後に分けて構成することにした。宮部氏の「部落探訪」のシーンで休憩を入れるアイディアは前嶌さんによるものだ。たぶん、自分ひとりだったら、あざといと思って、そのようにはしなかったと思う。休憩前の引きとしては良いなと思いつつも、ちょっとTVのCM引っ張りみたいで、宮部氏に依存しすぎだな、という印象があった。だから最後に釆さんが「休憩」の文字を書いてペンのキャップを閉じるカットを加えて、時間軸を一旦釆さんの方に戻すことで映画として纏め上げることにした。結果的には宮部氏で引っ張りすぎず、アクセントがついて良くなったと思う。

そして、対話シーンの内容を削りながら、各カットを伸ばしていった結果、3時間25分という尺になった。このバージョンで大きく変わったのは高橋のぶ子さんの引っ越しシーンである。それまでは、酒盛りから天皇パレード、黒川さんの最後のはなし、とシンプルな流れだったが、そこに崇仁小学校長・伊東茂光の放送、中上健次の引用、寝る高橋さん、引っ越しの流れを加えた。

実は、ラフカット版では高橋さんが寝る場面と、いびきをかいて起きる→引っ越しのシーンが入っていなかった。特に、いびきをかいて寝ている場面は、非常に力のある場面だったために、前後の流れから断絶する特異点にならざるを得なかった。

先述したボツバージョンの編集は、OPの後、いびきをかいて寝ている高橋さん→引っ越し、そして、時を遡って高橋さんの「はなし」が始まる、という構成だった。冒頭で使えないのであれば、クライマックスにしか使えない。しかし、ラフカット版の構成では、どうにもうまく流れにのせることが出来なかった。どうしたものか……と悩んだが、きっとどこかに入るはずだし、絶対に重要なシーンだ、という直観は揺るがず、どこに入れられるのかと半年くらい探っていた。

そうこうしているうちに、高橋さんが寝る場面は、１９４３年に録音された伊東茂光による天皇主義的な教育方針を語った校内放送を加えたことで、うまく繋げることができた。しかし、起きて引っ越すシーンがまだ入れられなかった。どこに入れても「上手く行かない」。この「上手く行っていない」というのは、料理の味見をしてみたら「何かもう一味足りないな」という感覚に近い。映像は理屈で構成するが、受け手は印象という身体的な感覚で受け止める。だからこそ、この感覚は編集をするうえでアラームとして機能する。今の流れでは、「良いシーンだから入れた」以上の効果になっておらず、前後のシーンとの繋がりが構築されていないから、そのように感じたのだろう。

閃きが無い時は、先に別のことをするべきだ。次に中上健次の言葉を、黒川さんの天皇制と部落差別の「はなし」を補強する形で引用した。


「日本に松坂牛っていうのがあるんです。松阪牛の、あのすき焼きに使う薄切りにした霜降りのところ、あれは完全に昔からの日本が抱えていた内と外、あるいは文化が抱えていたテーマのモデルとして格好のものじゃないかと思うんです。

（中略）

要するに、部落も天皇も文化で出来てるんですよね。例えば、牛を飼ったから、あるいはレザーを扱ったから最下層に置かれるんじゃなくて、天皇も賤民も文化的産物なんですよ。だから、どうしようもない」

（『中上健次発言集成３』／第三文明社）

このジャック・デリダとの対談において、「部落問題」を文化の問題であるとする中上の発言は、部落問題を「ことばの問題」と仮定した僕にとって腑に落ちるものだった。ここでいう「文化」は「ことば」と言い換えてもよいだろう。それゆえにどうしようもない、そういった中上の諦念のような手触りがテキストから感じられた。部落問題と天皇制はパラレルに存在し、その構造を維持するこの「社会」が問題である、という黒川さんのはなしと呼応すると考えて、この引用を入れることにした。

しかし、実際に編集に組み込んでみると、「どうしようもない」という一言は、現状認知として十分である一方で、ちょっと結論めいた印象になっていたことに引っかかっていた。これでは「部落問題は解決不能である」という印象になりかねない。中上健次の引用に応答できる構成をするにはどうすればよいのか……映画ではカットしたが、この前の段落で中上は次のように述べている。

「日本にある日本の構造、日本が持ってる構造みたいなもの、それは、例えばこれを政治的に何とかしようとか改良するとか言ったとしても、幾層にも折り重なった高度に文化的な社会で、政治的な道なんてありゃしないということなんです。

一つの方法というのは、例えば部落と天皇がほとんど背中合わせにくっついてて互いに補完し合ってる構造に対して、デリダさんなんかが提唱している〈ディコンストラクション〉、そういうものがひょっとすると有効かもしれませんね。

どういうことかと言うと、一緒にそれと同じようなサイクルで回りながら、どんどん輪を回しながら次々と脱ぎ捨てていくみたいな、そういう形を考えるんですけどね。しかしそれは、政治的というより文化的、つまり松阪牛をすき焼きで食うか、シャブシャブで食うかという違いで、政治的にほとんど無理ですよ」

「どうしようもない」と結論する反面、そこから脱却するにはどうすればよいのか、そういった思索の痕跡を感じ取ることができる。そして中上の感じ方に僕はある種の共感を抱いた。しかし、映画としてはこの言葉をそのまま引用しても、ただの解説にしかならない。映画を終わらすためには、一段発想を飛躍する必要があると考えた。

そこで、高橋さんの「いびき」という生命活動の音をぶつければ、「どうしようもない」という部落差別への諦念への一つの答えになるのではないか、そう考えた。中上の言葉と、高橋さんの生命力あふれるカット、一見まったく意味が異なる二つの場面が連続したことによって、

［1］

山内政夫（やまうち・まさお）さん

1950年京都府生まれ。郷土史家。「柳原銀行記念資料館」事務局長。18歳の時に自主映画『東九条』を監督し、日本共産党を除名される。84年に部落解放同盟に加入するが後に脱退。地元住民有志によって崇仁区内に設立された柳原銀行の保存運動に携わってきた

［2］

［1］［2］
京都・六条河原。かつて処刑場があったという場所で、処刑人は代々名跡として受け継がれたという史料をもとに、斬首場面を再現する

［3］

［4］

［3］［4］
50年前に8ミリフィルムで「在日」の人たちが集まる地区を撮影した自主映画『東九条』を修復し、当時の仲間たちと観る

映画の全体に意識の流れが生まれた。一連のシーンは何層ものレイヤーを重ねることで単なる高橋さんの退場シーンだけでなく、映画として自立した場面にすることが出来たのだ。

もう一つ、何回か試写の段階から苦労していたのは伊賀のママ友のシーンだった。1回目の試写では、冒頭の伊賀のシーンに他の対話シーンとまとめて構成していた。これについて「どうにも気持ちがついていかない」と大島さんからの指摘があり、「カットするならこのシーンでは？」という意見も多かった。たしかに何か編集がうまくいっていないな、と感じてはいた。どうすれば……と悩んでいた時に、妻の助言があった。

妻の存在

本格的に撮影を始めた2019年から、僕はテレビの仕事を控えて映画の制作に集中していた。その間家計を支えてくれたのは妻だった。

「私の仕事があるから、まあ大丈夫だよ。とりあえずいい映画を作るのが優先なんだからそっちに集中しなよ」

20年に子どもが生まれた後は子育ても臨機応変に対応した。妻が忙しい時は僕が、僕が忙しい時は妻、二人とも忙しい時は義母に手伝ってもらってやりくりしていた。けれど、ラフカットの編集をしていた21年4月に僕は育児ノイローゼになった。ちょうど妻が手掛けている番組の編集が佳境で渋谷の編集室に籠るようになり、1歳2ヵ月の息子の子育てをしながら編集することになったからである。朝5時半に子どもとともに起きて、朝ご飯を食べさせて洗濯をし、9時に保育園に送る。10時に前嶌さんがやってきて、16時まで編集。16時から夕飯を準備し、17時にお迎え。お迎えのついでに買い物を済ませて、帰宅。19時半ぐらいに子どもを寝かしつけて、編集に合流。20時に前嶌さんが帰宅。その後、一人で前嶌さんが作業した分をチェックして23時に就寝……といった生活を送っていた。夜泣きはまだたまにしていたし、映画を完成させなくてはならないストレスもあり、十分な睡眠はとれていなかった。

しかも、家事という仕事は判断しなければならないことが実に多く、とても疲れる。子どものご飯は栄養バランスとかを考えて作らなければならないし、買い物だって献立を考えて何を買うか判断しなければならない。常に頭はフル回転で気が休まるのは唯一子どもとお風呂に入る時だけ。この「決断疲れ」と呼ばれる疲労から逃れるために、スティーブ・ジョブズは毎日同じ服を着ていたとか。

僕は睡眠不足と疲労が溜まって、だんだんと精神的な余裕がなくなっていった。妻の「ゴミ出した?」といった些細な発言が、「まだゴミ出してないの?」と自分を非難しているように聞こえて、妻と些細なことで喧嘩することが多くなった。

同時に家事と仕事を両立できない自分に対して「世のシングル世帯は仕事と育児をこなしているのになぜ自分は出来ないのか」と腹が立つようになった。今思うと異常な発想だけれど、その時は真剣だった。次第に寝付けなくなり、いつも就寝は1時か2時になるようになっていった。

編集中は、前嶌さんがいて気を張っているから、何とかなる。けれど、一人になると途端に気分が落ち込む。そして、頭痛がひどく毎日痛み止めを飲んでいた。

「最近おかしいよ」

「いやおかしくないよ。がんばってるだけ」

「がんばらなくていいよ」

「子どももいるし、がんばらないとどうにもならないじゃない。いいから編集行ってきなよ」

編集は本当に精神的に追い詰められる作業だ。TVも同じで、特にTVの場合はプロデューサーとの攻防がより大変になる。その時、妻はディレクターとプロデューサーを兼任していたから、より大変な状況だった。だから自分がもっと頑張って支えねばと思っていたが、結果妻に余計な心配をかけてしまったことを今でも反省している。

ようやく妻の編集が終わり、「それ鬱《うつ》だよ」という妻からの指摘があって初めて自分がおかしいことに気づいた。

「しばらく実家にいるね。編集がんばって」

ゴールデンウィークが間近に迫る頃、妻は息子と茨城県の実家に帰省した。その間に薬を服用して無理やり寝ることで気分がいくらかましになり、何とかラフカット版を仕上げることが出来たのだ。仕事と家庭の両立は本当に難しい。

さて時は流れて、10月末。妻に3時間25分版を見てもらった。本来ならもっと早く見せたかったのだが、妻が忙しくこのタイミングになった。

妻は僕が信頼している作り手の一人でもある。妻が納得しなければこの映画を世に出すことはできない。

「面白かった。後半から加速していくね。しかし、どのシーンを切ってもユウサクの顔が見える金太郎飴みたいな映画だね」

「なにそれ。気になるところはあった?」

「うーん、辻さんの撮影が良くないとこが多いなー」との意見だった。

妻が具体的に指摘したのはママ友のシーンだった。

「ここがうまくいってないかなー。前嶌さんが強引に編集してるよね。辻さんのカメラも良くないように見えるよ」

ずばりの指摘だったし、やはり、と思った。僕もこのシーンがなんとなく上手くいっていないな……ともすれば、映画の方から「何とかしてくれ」と言われている感覚があったからだ。

人に作品の意見を聞く場合、その言葉を額面通りに受け取ってはいけない。何がそういった印象を与えているのか? という分析が大事だ。

今回の場合、辻さんの撮影が良くないように見える、ということ。考えられる原因は、編集と撮影の息が合っていないということだった。というわけで、これまでの編集を全て捨て去り、一から素材を洗い出し、撮影の呼吸を生かす編集にやり替えた。

まず素材を見直して、使いたい話題を丸ごと抜き出す。次に内容を整理する際、撮影時の順序で並べなおした。この対話シーン、先に述べた通り、他の人からも「カットするならこの場面では？」と言われていた。僕としてはカットはありえない。妻が指摘したように、僕の料理の仕方がまずかったのだ。

この場面は、3人の対話を正面からではなく敢えて後ろから撮影した。会話の内容よりも場の空気感をつかまえたかったからだ。だから他の対話シーンと比較して、編集するには少々癖のある映像に仕上がっていた。素材の味を生かすには、それに見合った調理法が必要になる。僕は構成作業に必死で、素材の味についてきちんと吟味していなかったのだ。撮影の呼吸を生かすように編集しなおすと、不思議なことに、尺が伸びたにもかかわらず、場の空気感と話者の存在感が際立ったことで、「はなし」として観られる場面になったのだ。

また全体を通して、辻さんの撮影をさらに生かす方向で各カットを整理した。一度大まかな内容が完成している分、修正作業はスムーズに進んだ。長く見せるところはさらに長く、短く見せられるところはそのままテンポよく。長く見せたくなるが、すべてをそのリズムで行うと、逆にこちらが見せたいカットが埋没してしまうのだ。そういったリズムを整えることで、「はなし」という一つの大きな流れを作ることが出来た。

この作業を通じて、子どもが一人で歩けるようになる姿を見るように、映画がひとりでに動き出す感覚が生まれた。改めて監督の仕事はスタッフの呼吸を合わせることなのだなと感じた。それぞれが他者であるスタッフの呼吸が合わさることで映画という自立した第3の意識が生まれる。それがスタッフワークの面白さなのだと感じた。スタッフを組むということは、簡単にいえば、バンドを組むか、ソロで活動するか、といった違いがある。どちらが良いか悪いかではない。たとえば、フレディ・マーキュリーという圧倒的な個性と才能を持った音楽家は、ソロで残した曲よりも、クイーンというバンドで残した曲の方が優れていたように、バンドを組むことでしか生まれえない作品がこの世には存在する。加えてスタッフという他者の視線も加わることで、物事をX、Y、Zといった多元的な座標から見据えることが出来る。それが作品の持つもう一つの意識をより豊かにするのだと思う。もちろん個人制作が悪いというわけではなく、ソロコンサートとオーケストラに優劣をつけられないようにジャンルが違う、ということだ。

そして、妻も重要なスタッフの一人である。彼女の意見によって映画の質がグッと向上した。妻の存在抜きにはこの映画はできなかったと感じる。僕にとって妻は愛しい家族であり、もっとも尊敬する親友でもある。

音楽

編集を進めると同時に音楽についても検討した。長尺ゆえに、やはり見せる工夫は必要だと考えたのだ。

「パゾリーニの『アポロンの地獄』みた？　あれはなぜか雅楽なんだよね。そういうのはどう？」

「民族音楽っぽいってことですよね。『橋のない川』もそうやってましたよね。民族音楽って妙に意味合いがついて僕は微妙ですねえ」

前嶌さんと相談を重ねた末に、世界的な4人組インストゥルメンタルロックバンド、MONOに依頼することにした。

僕は、本作をいわゆる社会問題を扱ったドキュメンタリーではなく、映画として普遍的なものにしたかった。部落問題であれば和楽器などの日本的な音をつけたくなるが、それだとなんだか閉じている感じがした。だから全く位相の異なるロックの方が開かれた作品に仕上がる予感がしたのだ。

僕がMONOを知ったのは10年ほど前。角田光代著『かなたの子』のドラマを、当時所属していたハイクロスで制作することになった時のことだ。撮影とプロデューサーを兼任していた辻さんから、「なんか『ロスト・ハイウェイ』みたいな音楽つけれないかなー」と相談を受けて、音楽を探していた時にMONOと出会った。代表曲「Ashes In The Snow」は、静かなギターの旋律を繰り返しながら膨れ上がり最後はギターノイズの嵐で終わる。演奏時間が11分もあるが全く気にならない密度と物語性のある構成だった。もともとロックが好きだったこともあり、あっという間に僕はMONOの虜になった。そして「辻さん、MONOというバンドがいいですよ」と推薦したのだ。

日本ではMONOの知名度は低い。リーダー後藤孝顕さんは元々プロのミュージシャンとしてDOVEやISISといったバンドでギタリストとして活動していた。しかし、自分のやりたい音楽を求めてプロとしてのキャリアを捨て去り1999年にMONOを結成。しかし、当時の日本ではヴォーカルのないインストゥルメンタルロックは受け入れられず、2000年にはニューヨークに渡り活動の場を海外に移す。これまで11枚のアルバムをリリースしている。残念ながら日本国内で人気がないために、現在アジアツアーの日程に日本は組み込まれていない。けれど海外では、MOGWAI、Godspeed You! Black Emperor、Sigur Rós、Explosions In The Sky に並ぶインストゥルメンタルロックバンドとして知られている。

21年7月。僕の作曲依頼をMONOは快諾し、以下のようなメッセージと共に、全11曲を提供してくれた。

「今回、送っていただいたラフカットをメンバーとシェアして意見交換したところ、部落差別の問題を含め、世の中の差別に関する問題はどうしても避けがちになってしまうけれども事実や実態を知ることで自分がどういう考えを持ち、どう行動するのか？　と考える時間を持つって大事なことだなと、あらためて全員が感じました。なので今回、このサントラをＭＯＮＯとしてやらせていただくことにします。

今回、ストック曲から合いそうなものをリアレンジしたものと、新しく書いた曲をあわせて、全11曲を用意しました。

僕が表現したいと思ったのは、当事者の方々の感情です。それは、はらっても、はらっても消えない、まるで呪いのように重くまとわりつく感情です。生まれた時からすでに動脈のように存在し、本人の意思とは関係なく、無条件に差別を受ける人たち、声に出して言うことも叶わず、心の中に秘密をもち、葛藤し、人間としての尊厳を問わなければならない彼らの感情。そして近い将来、必ず本当の場所を彼らが見つけられるようにという希望を音楽にしました。

ＭＯＮＯも、日本という村に適合出来ず、海外に自分たちの場所を求めました。海外でも当然、何度か差別的なことを受けたこともありますが、諦めず、音楽の力でその壁、隔たりを無くすことが出来たと感じています。

このドキュメンタリー映画が何かのきっかけになることを強く願っています。

Takaakira 'Taka' Goto /MONO」

テーマ曲『The Place』をはじめとする楽曲は、MONOらしい主題のメロディーの繰り返しで構成されている。「私のはなし」の繰り返しで全体を構成するという方法論は、実はMONOからインスパイアされたものでもあるのだ。彼らの音楽は単なるBGMではなく、本作のもう一つの登場人物として作品に厚みをもたらしてくれた。加えてラフカット版ではあったけれど、映画関係者ではない言わば外部の人たちにきちんと映画が伝わったという事実は、自分の目指した方向が間違っていないことの証だ。この映画はきっと観客に届くという自信を与えてくれた。

さまざまな映画から学んだこと

編集作業は自宅のPCで行っていた。昼食を取る間、前嶌さんと何本かの映画を参考に観た。前嶌さんは映画好きで造詣《ぞうけい》が深く、お気に入りの監督は大島渚とピエル・パオロ・パゾリーニだ。「これ観てみたら」といろいろと映画を見せてもらい編集作業の刺激になった。

編集中に観たのは映画館や配信で観たものも合わせると『市川崑物語』『新世紀エヴァンゲリオン劇場版 DEATH(TRUE)²』『機動戦士ガンダム 逆襲のシャア』『きみが死んだあとで』『KYOTO MY MOTHER'S PLACE』『ショア』『セノーテ』『二重のまち／交代地のうたを編む』『マイ・ラブ 絹子と春平』『ゆきゆきて、神軍』『あるマラソンランナーの記録』等々。

その中で、具体的に参考になった作品の一つが、岩井俊二が敬愛する映画監督・市川崑の生涯について描いたドキュメンタリー映画『市川崑物語』（岩井俊二監督・06）だった。市川崑と言えば明朝体のテロップ。この映画は、そんな市川崑へのオマージュであるかのように、ナレーションの代わりにテロップと写真で、出生から監督になり成功するまでの物語が語られ、進行する。

「『にくのひと』のシーンはこういった方向性がいいんじゃない？」

と、前篤さんがＤＶＤを貸してくれたのだ。そういった経緯もあり本作のテロップワークは基本的に前篤さんのセンスに一任した。僕にはテロップセンスが無いという自覚があるので、一人で編集していたらこのような仕上がりにはならなかっただろう。

もう一つ僕が構成を考えるうえで参考になったのはＴＶシリーズの総集編映画『新世紀エヴァンゲリオン劇場版 DEATH(TRUE)²』（97）だ。ちょうど『シン・エヴァンゲリオン』が公開されて話題になっていた時期だが、こちらではない。通常、総集編はＴＶの時間軸に沿ったダイジェストなので、作品としては退屈なものが多い。しかし、この映画はＴＶシリーズの素材を使って、まるで『映像の世紀』（ＮＨＫ）や『バビ・ヤール』（セルゲイ・ロズニツァ監督・22）のようなアーカイブ・ドキュメンタリーのようにＴＶ版を再構成した刺激的な作品だった。僕がエヴァでいちばん面白いと思う作品だ。ちなみにこの映画の構成は庵野秀明ではなく、薩川昭夫さんという脚本家の方で、ドストエフスキーに詳しく、エヴァンゲリオンの屋台骨を作った方だそうだ。

『私のはなし　部落のはなし』の撮影中から、「部落問題という壮大な時間軸の物語を描き出す」というコンセプトを実現するには、個別具体的な事象を基本的には深められない、という直観があった。必然的に通常の映画の構成論ではなくて、TVシリーズという長大な尺で描かれる物語を圧縮する総集編的な方法論が必要になる。そう考えた時に、ふと『エヴァンゲリオン』を思い出したのだ。

この総集編映画の構成は複雑だ。物語の縦軸は体育館での登場人物による演奏だ。ここに一人、また一人と登場し、それぞれのキャラクター視点でTV版のストーリーが語られる。しかも時間軸はバラバラだ。それが後半に進むにつれて、複数人のパートが重なり合い、エヴァンゲリオンという物語の全体像が朧気《おぼろげ》ながらに見えてくる構成となっている。また演奏パートはどの時間軸かは不明だし、説明されていない。けれど、本編とは別の時間軸が挿入されることで、物語の多層性と総集編との関係性がよりスリリングに見えてくる。一本のアーカイブ・ドキュメンタリーと評価できる作品だ。

別の時間軸の挿入は、本作でも行った。本作の手書きのテロップと語りをした釆奈菜子さんの場面がそれに当たる。

最後の撮影

本作は釆さんがノートを開くカットで始まり、彼女の詩の朗読で終わる。語りの場面は20

21年12月に撮影した。なるべく意味を持たせず殺風景に撮影したかったので、東京都北区の北とぴあの会議室で撮影を行った。撮影にあたって、それまでPC上で入力していたテロップを釆さんに書き写してもらった。ただし、すべて手書きに変更するとパッと目に入った時に読みにくい箇所もあるので、解説的な「意味」として役割を持たせる場面は通常のテロップのままにしておいた。このあたりの判断は、感覚的なものである。

手書きの狙いは、朗読の場面と同じで文字に身体性を与えることだった。PCで入力するテロップでは、どうしても言葉の意味のみを伝える役割しか持てない。けれど手で書くことで、筆跡や釆さんの体温のような、意味だけではない揺らぎが生まれる。出演者が話した内容も一部手書きの文字として登場させた。「はなし」を文字として書く、映画の本編とは違う別の時間軸が生まれることで、映画内での時間の厚みが生まれる。僕は部落差別は「時間」の問題でもあると考えていたので、そういった映画の中での時間の動きは、部落問題を語る、語りつぐ必要があると考えたうえでの表現なのだ。

また、写真や資料も一度プリントしたものをノートに貼り付けて撮影した。被差別部落の昔の風景を直截《ちょくせつ》なイメージとしては極力見せたくなかったし、直接見せるのは、被差別部落ではない東九条地域のみにしたかったのだ。また、映画表現としても、こういった作業によって、映った内容を提示する情報的な意味から距離を置いて「資料としての身体」をもった存在として描くことができる。これで2年に及ぶすべての撮影が終了した。

22年1月2日。すべての編集作業が終わり、あとは仕上げ作業を残すのみとなった。監督はもちろん意図をもって映画を制作する。しかし、子どもが親の手を離れるように、出来上がった作品は監督のちっぽけな意図を超えて自立して歩き出すものだ。各シーンごとに自立していき、こちらの編集を「もういいよ」と拒否するような感覚になるのだ。本作の場合、一番初めに自立したのはラストシーン、『青空』から「南京虫の唄」朗読までの流れだった。やがて、すべてのシーンが自立して作品の方からスゥっと手を離していく、そんな手触りが残る。それが真に映画が完成した時だと僕は思う。

２０５分。『私のはなし　部落のはなし』は、情報に還元できない映像の「肉体感」で物語る、映画というフォーマットでしか作れない作品となった。あとは公開に向けて、準備を進めるだけだ。

（補足）監督の犯罪や不祥事が発覚した際によく言われる「作品は別人格である」ということを言いたいわけではない。作品によって監督の価値が決まる以上、客観的に「別人格」であるとは言い難く、社会的評価という面において相関関係は間違いなくある。ここで言及しているのはあくまでも作り手の内面についてである。

面白い映画とは？

映画公開の二日前に、大阪で角岡伸彦さんとの対談を行った。対談後、会場から次のような質問を受けた。

「ドキュメンタリーとして面白い作品を作りたいという話があったんですけど、満若監督の考える面白さってどういうことでしょうか？」

これはなかなか答えるのが難しい質問だ。敢えて僕なりに「面白い」という感じ方を定義するなら、身体が面白いと感じる、ということだろう。身体といっても、なにも涙を流すとか、鳥肌がたつとかそういった生理現象ではなく、知的興奮も含まれる。興奮するのは頭ではなく身体だからだ。僕は質問に次のように答えた。

満若　人によって面白さはかなり違うとは思うんですけど、僕が面白いと思うのは、解釈の幅があるというのが、ひとつかなと。いろんな見方ができる。あとは出てくる人たちの存在を身近に感じられるかどうかもポイントなのかな。しゃべってる内容とかメッセージ性とかよりも、出ている人の存在を肌で感じられる瞬間というのがドキュメンタリーにはあって、それが面白い作品なのかなあと思います。

それをかなり意識的にこの映画には盛り込んでいます。『にくのひと』でうまくいかなかった反省があるので、過去の自分に見せたい映画を作りたかった。僕が昔に想像できていなかった、今を生きている人たちがかかえている不安を感じられるものにしたいなと思ってました。それは一定程度、達成できたのかなあと思っています。

角岡　あと、眠たくならないということですね。次どうなるんやろか、展開が気になって寝る暇もない作品。この映画がそうでした。

角岡さんが言うこともその通りだと思うし、僕の回答もまあ間違っていないと思う。この時には考えがまとまっていなかったので、もう一歩踏み込んで考えたい。

面白い映画、いい映画の条件として、僕は「いろいろな感情が零《こぼ》れ落ちる」という点が重要だろうと考える。2時間飽きずに観ることができるエンターテイメント作品でも、そこから何の感情も零れ落ちなかったら、それは単に作品を消費しているのであって、観た、面白かったとは言えない。時間を潰しただけである。それが怒りを含むどんな感情であれ、複雑な感情が自然と零れ落ちる、それが面白い映画、いい映画の条件であると僕は考える。

『私のはなし　部落のはなし』は、鑑賞後に映画の感想よりも「私のはなし」を語りたくなる、感情が零れ落ちる作品として受け入れられることになった。

4　上映

上映を通じて

２０２２年5月21日。『私のはなし　部落のはなし』が公開初日を迎えた。取材を始めて6年。『にくのひと』を封印してから実に12年。感無量……ではなく、舞台挨拶という難題で頭がいっぱいだった。もともと人前で話すのは苦手で、喋りたくないから映像の仕事をしているのだから。

観客として映画を観に行った時、上映後に舞台挨拶があると「しまったなー。帰りたい」といつも思う。監督の話はどうしても最大公約数的な内容にならざるを得ないし、あくまでも映画の一解釈でしかない。それよりも自分は何を感じたかを考える方がずっと大事だと思う。この本を書いておきながら言うのもアレなのだが……。

上映を通して、いくつか良かったことがあった。一つは自身のルーツが被差別部落であることを最近知って、誰に相談していいか分からず悩んでいた、という若者に何人か出会ったことだ。彼らは中島威さんをはじめとする若者たちの生き様にとても励まされたと感想を述べてくれた。この映画は差別を描いている。それゆえに見る人によっては精神的にきついだろうということは容易に想像できたし、批判もあるだろうと覚悟していた。しかし、映画の背骨には普遍的な人間の生き様を描いたつもりだった。だから、表面的な描写を飛び越えて映画が伝わったことが監督としてとてもうれしかった。

二つ目は、出演者から喜んでもらえたことだ。京都みなみ会館での上映後に、短い時間だけれど山内政夫さんとトークを行った。その時に、「南京虫の唄」を書いていた時のことを語ってもらった。

「あの詩は、僕がまだバラックに住んでいた時に南京虫に噛まれながら書いたんですわ。懐かしいね。まさかこんな風に映画に使われるとは思いませんでしたわ」

舞台挨拶後に行われるサイン会（サインするなんて思ってもいなかった）では、山内さんにパンフレットにサインをしてもらった。

「いやー、なんか映画スターになった気分や。ほんまにありがとう」

と感謝の言葉をいただいた。

また大阪では中島威さんとのトークも行い、劇場には北芝の関係者が多く詰めかけた。

「サインお願いします！　まさか威にサインをもらうことになるとは思わんかったわ！」

上映後のサイン会では、彼の学生時代の先生方が教え子のサインをもらいに列を作っていた。

「威の母です。ありがとうございました」

彼のお母さんも来て息子のサインをもらっていた。中島さんのお母さんに喜んでもらえたことは素直にうれしかった。

メディアから取材を受けるなかで「地名と実名と顔を出していることに衝撃を受けました」とよく言われた。しかし、この点について監督の功績は何一つない。賞賛されるべきは出演者であって、僕はただ映画に出てほしいとお願いしただけだ。

被差別部落出身者が映画の中で顔と名前を出すことは、今後差別を受けるリスクを伴う行為だ。加えて本人だけでなく家族や親戚についても間接的にカミングアウトすることに繋がる。血縁関係すべてに承諾を得ることは不可能だから、「部落差別をなくしたい。部落問題を知ってほしい」そういった強い思いと覚悟が必要になる。だから中島さんのお母さんの言葉に救われたような気持になった。そして、中島さんをはじめ出演者のみなさんが、覚悟を持って、そして胸を張って自分の姿をスクリーンに映し出したことは、これは監督が言うことではないけれど、とても価値のあることだと思う。

中島さんが観客から賞賛される姿を見て、「差別される部落出身者」ではない、あらたな価値が生まれようとしているように感じた。そして、１００年前の水平社宣言はこんなところでも息づいているのだな、と胸が熱くなった。この映画が出演者にとって少しでもプラスになったのであれば、監督として最低限の義務を果たしたことになるのではないかと思う。

三つ目は部落問題をあまり知らない若者が劇場に多く足を運んでくれたことだった。３時間半もあるドキュメンタリー映画に、である。近頃、若者は映画を倍速視聴するので映画を観る力がない、と言われている。しかし、僕が聞いた感想の多くは「自分の差別意識に向き合わされたし、自分たちの問題なんだと感じました」という素直なものだった。少なくとも僕には若者に映画を観るリテラシーがない、とは思えない。僕たち作り手はもっと若者を信じて作品をつくるべきだろう。

批判

2022年5月22日。この日は大阪で初めての舞台挨拶だった。昼過ぎからシネマート心斎橋でMBSの取材と舞台挨拶。次に阪急十三駅から徒歩5分の歓楽街にある第七藝術劇場（通称・七藝）に向かった。100席近い劇場は満席。上映後にプロデューサーの大島さんと対談を行い、観客との質疑応答が始まった。この時の出来事は忘れられない。

「では質問のある方は挙手をお願いします」と司会が促すと、前方に座っていた高齢の男性が手を挙げた。

「3時間半、全く内容が無い映画。水平社宣言をぐるぐる回ってるだけ。金を返せと言いたい。質問ですが、なんでこの映画を撮ろうと思ったんですか？」と憤慨しながら質問した。

公開されれば一定の批判は出るだろうと予測していたが、いきなりだったのでかなり面食らった。しかし、気を取り直して先述した理由を述べた。けれど、その方は納得せずに「理由だよ、理由」と繰り返した。

「部落問題の認識が甘かった、かつての自分に見せられるような作品を作りたいと思った」と僕が答えると「もういい」と男性は納得しない表情ですぐさま席を立った。これが僕にとって初めての観客との質疑応答だったから、去っていく彼の後ろ姿を今でもよく覚えている。

いったい何が気に食わなかったのだろうか？　何を訊きたかったのか？　その疑問が解消されたのは、公開後しばらくして映画への批判が出はじめてからだった。寄せられた批判の多くは、差別する側を描いたことに対する「監督の立ち位置が明確でない」「両論併記である」、慰安婦問題の論争を右派と左派双方のインタビューで描いた『主戦場』（ミキ・デサキ監督・18）に比べ数段劣る、監督の力量不足だ、といった内容だった。要約すると「反差別の立ち位置を表明していない」という批判だった。

なるほど。だから七藝の彼は理由を尋ね、僕の口から「差別をこの世からなくしたい」といった反差別という立ち位置を確認したかったのかもしれない。繰り返しになるが、この映画に直接的なメッセージを込めてはいない。本作には「全国部落調査」復刻版出版事件の被告・宮部龍彦氏や、差別意識を持つ匿名の女性が登場する。だから彼の目には僕の映画は「差別者が雄弁に語る差別映画」という風に映ったのかもしれない。

宮部氏のシーンに対する批判的な意見で興味深かったのは月刊誌『出版人・広告人』の取材を受けた時だった。

左から、大阪府箕面市の中島威さんと、小学生からの友人の大下大輝さん、藤村弘龍さん。20歳になった3人がザ・ブルーハーツの「青空」を歌った

三重県で暮らす4人が被差別体験について話していく。左から松村元樹さん、中村尚生さん

背中を向けて聞いているのは満若監督。左は辻智彦カメラマン

「カメラが当事者も宮部さんも同じ距離感、水平でとられていて監督がどっちの立場か分からないんですよ」

70年代。小川紳介が活躍した時代は、社会運動とドキュメンタリーが蜜月関係にあった。カメラは決して権力側に立たずに必ず対峙するポジションで撮影を行ってきたと、小川紳介は次のように語っている。

「三里塚で、僕らはまず立場をはっきりさせようと思ったんですよ。それは少なくとも、力を持った側には立つまいということです」

（『シネアストは語る—5　小川紳介』名古屋シネマテーク叢書・風琳堂）

それが日本の社会問題を描くドキュメンタリーのテーゼとして、ある世代には血肉となっている、と、その編集者は教えてくれた。たしかに、宮部氏のシーンを問題とするのは、原告の方や当事者、もしくはある一定以上の世代の方が多い。

なるほど、この受け止め方の差は世界観の差だな、と僕は理解した。だから「監督に反差別の意思がない」と言われるのか。マイケル・ムーア的な映画を期待していたということかもしれない。だが僕の世代だとマイケル・ムーアの手法、とくに『ボウリング・フォー・コロンバイン』（02）のように明確な敵をただ批判するという映画の作りは、ドキュメンタリーとしては批判されるべき手法だという認識を共有していると僕は感じている。

それにドキュメンタリーを作る醍醐味は、何といっても己の陳腐な先入観を打ち壊す現実に出会うことだ。例えばこれまで海外の色々な国に行ったが、どの国も行く前に抱いていたステレオタイプな考えは取材するうちに解体され、目の前の存在だけが記憶に焼きついて、新たなイメージが自分の中で形作られてきた。同じ国だって、1回目と2回目では、見え方や感じ方は全く異なる。それがたまらなく面白い。人は先入観を捨てきれない。だからこそ可能な限り先入観を削いで削いで、それでも削ぎきれずに残った先入観が、撮影を通して変化していく――その変化がドキュメンタリーの化学反応として「深さ」につながる。宮部氏への先入観を抱いたままカメラを構えてしまえば、目の前の存在を感じ取る感性を鈍らせ、作り手側の変化が失われてしまう。であるから必然的にカメラは水平になるのだ。

「『部落探訪』とこの映画の違いは何ですか?」

この質問も多く寄せられた。この問いへの答えは非常に難しい。

「いや、彼と僕は違います。なぜなら部落差別に反対の立場だからです」と答えるのは簡単だ。でも僕の性格がそれを許さない。カメラで撮影する以上「視る」「視られる」関係が付きまとう。宮部氏の問題は「撮影すること」の問題も内包している。その点で僕と彼は同じ地平に立っているのだ。「彼とは違う」と切り離した瞬間、撮るという事の本質から目を逸らして、自らの眼差しへの戒めを捨てることになる。だから「彼とは違う」と僕の口から言うことは出来ない。

部落を撮影する、地名を明らかにしている。この2点について、僕と彼との間に本質的な差はない。しかし、1点大きく違うのは、つねに地域なるものとのコミュニケーションの回路を開いておくことだ。これは僕が『にくのひと』でしていなかった反省もある。

撮影にあたって、その地域住民すべてに地名を出すことの意志を確認することはできない。では、どうするかといえば、取材者と地域との間に地域の仲介役を立て、何か地域で問題が起きた場合、その人を介して調停してもらうのだ。コーディネーターといってもいい。住民全員と一対一で良い関係性を築くのは不可能だ。であるなら、地域のネットワークを頼りにハブとなる人物、グループとの信頼関係を築く。それ以外に他者である僕が関係性を築く方法は思いつかない。

また、被差別部落の「地名」について第三者がどのように取り扱うのかは常に議論となる。当事者として本作において「地名」を出すに至った葛藤を本作のパンフレットに松村さんが寄稿している。


「地名を出すことにした理由として、地域の「知られ方」「知らせ方」がとても大切だと以前から思っていたからです。

地域の「知られ方」「知らせ方」がとても大切だと確信をもったのは、箕面市の北芝のまちづくりでした。映画の公開をすべての住民が賛同してくれているわけではありません。でも、知ってほしいこと、知らせたいことがある、その時に、ふるさとの名を隠すことで、こちらが受けとめてほしいと思うことが、どこまで伝わるのだろうか、どんなリアクションがあるのだろうかという葛藤があるなかで、「今回の映画」について、関係者と協議し続けてきたなかでの結論です。

この葛藤は部落差別がこの社会で残る限り、もたらされ続けるものだと思います」

僕もかつて「地名」について、抗議を受けた。しかし、今回の映画において、僕の姿勢は単純だった。「地域の意向に沿う」それだけだ。伊賀市の被差別部落については、松村さんが書いた通り地名を出すことは撮影後に決めた。そもそも部落問題に限らず、あらゆる取材には、制約が付きまとう。企業を取材すれば、企業秘密があり、個人を取材すればプライバシーの問題が出てくる。「地名」は部落問題固有の問題だが、顔を出す／出さないといった取材倫理の範囲で、個別具体的に配慮すべき事柄であると僕は考える。

松村さんの地元、三重県伊賀市の被差別部落の地名は、映画の中だけで明示する、という約束をした。映画の取材をするメディアにも、同様の配慮を依頼している。もちろんネット上の感想や、評論など、こちらが感知できない記事で地名が明示される可能性はある。それについては了承してもらった。端から見れば、ダブルスタンダード、トリプルスタンダードに映るだろう。でもどんな取材であれ、プライバシーに一律な基準などなく、その時々の状況と取材者との関係性の中で決まるもの。それと何ら変わりない。

問われるのは、地名を出せない現実を、作り手として丸ごとどう表現するかということではないだろうか。「地名」の問題が取材のハードルであるとするのであれば、それは単なる言い訳でしかないのだと僕は本作を制作して改めて考えた。

批判はまだある。渋谷の質疑応答ではこんな発言があった。

「勉強不足だ。あなたに部落問題を撮る資格があるとは思えない」

部落問題を撮る資格とは何だろうか？　同席していた大島さんは「その資格は誰が決めるのでしょうか？」という返事をした。結局、僕はよく分からない違和感を抱えながら舞台上で押し黙ってしまった。

あの時のことを今でも考える。「資格」の問題は部落問題に限らず様々な社会問題で時折表出する。突き詰めて考えると大島さんが言うように「資格」を与える主体が存在しないことは自明だろう。しかし「資格なんて本来存在しない」と言い返すことに、僕はどうにも抵抗を覚える。少なくとも僕がカメラを向けた被写体は、僕に「資格」を問う必然性はあるように思う。そして僕に「資格」があると考えてくれたからこそ、出演に承諾してくれたのだろう。そう考えると「資格」の議論は、基本的には個人間の関係性でのみ通用する議論だと思う。

もう一つ。一周回ってやはり「資格」を問うことは建設的な議論を生まない（建設的な議論を求めていない場合は有効である、ということを今回知った）。なぜなら「あなたは無関係だ」と関係性を切断する議論になるからだ。繰り返すが、部落差別を残してきたのは眼差しの主体側であり、誰一人として無関係な人間はいない。だからといって「自分は差別者だ」と自罰する必要があるということではなく、その立ち位置を自覚し、「自分は無関係だ」と関係性を簡単に切断してしまわないことが大切なのだと思う。

「資格」は本来内面に存在するもので客観的に問うようなものではなく、もし問えるとしたら、それは「関わりかた」だけだろう。

ゲド戦記の著者ル＝グウィンがファンタジー小説に求められる単純な善悪について次のように苦言を呈している。

「（年齢にかかわらず）成熟していない人たちは、道徳的な確かさを望み、要求します。これは悪い、これは善い、と言ってほしいのです。わけのわからないこの世の中で、子どもやティーンエイジャーは、確固とした道徳的足場を見つけようともがきます、彼らは勝つ側にいると感じたいのです。（中略）（疑われることのない）善と（検証されることのない）悪との間の戦いと称するものは、物事を明快にする代わりに、ぼやけさせます」

（『いまファンタジーにできること』谷垣暁美訳／河出書房新社）

作り終えて感じたこと

最後に、僕がなぜドキュメンタリーを作るのかについて述べておきたい。

『私のはなし　部落のはなし』は部落問題をテーマにしたドキュメンタリー映画だ。僕が本作で描けたのは、あくまでもその一部であり、できたことといえば、部落問題に対して「答え」を出すのではなく、「問い」を立てることだけ。それはドキュメンタリー制作も同じで、取材をすれば必ず学ぶことがあって終わりはない。僕たちが生きる世界はそんなに単純ではないし、広大で意味不明で「答え」なんてどこにもない。でも、だからドキュメンタリーは面白い。

しかし、上映を通じて強く感じたのは、世間一般が抱くドキュメンタリーのイメージが作り手側と乖離していることだ。ドキュメンタリーは「真実を描く」「学べる」そういったイメージがあまりにも根強い。ドキュメンタリーは知識のサプリメントではない。これは今までドキュメンタリーの見方や楽しみ方をきちんと提示していなかった作り手側の責任である。佐藤真は「言葉では到底表しきれない何ものかを何とかとらえようとする表現行為のことを、私はドキュメンタリーと呼ぶ」、そして「現実を知り、その記録映像を徹底して見つめることによって、映画作家自らの世界観が問い直されることで生まれる「世界の新しい見方」である」とドキュメンタリーを定義した。

僕は『私のはなし　部落のはなし』で差別をする側も含んだ「私たち」を描いた。そもそも「善」も「悪」もすべては人間関係の網の目の中で発生する。「善」も「悪」も僕たちの切り離せない大切な一部だ。だから「悪」は「悪」として、受け止める必要があると僕は考える。たとえば『ジョーカー』(トッド・フィリップス監督・19)のように、「悪」にも何かしらの理由がある、という描き方では、「悪」を自分の都合のいいように「同じ人間なんだ」と矮小化して解釈しているにすぎない。世界には自分の理解や解釈を越えた物事が存在する。だから「理解しなくていい」ということではなくて「理解できないことを受け止めたうえで理解しようと問い続ける」ことが大事なのではないだろうか。

冒頭に述べたが、僕の物語体験の原風景は『ゲド戦記』だ。ノンフィクションではなくファンタジーである。本作を制作し終えて自覚したことは、僕はドキュメンタリーでファンタジーを作りたかったということだ。目の前の現実を、カメラを通して、抽象的に再構成した物語を作りたかった、ともいえる。

社会問題をリアリズムで具体的な事例と情報で物語れば物語るほど、観客は現実の距離感を意識して「遠い」か「近い」かで判断してしまう。遠い国のニュースを身近に感じないのは具体的すぎるからだ。でも抽象的な物語は、現実から離れているがゆえにその距離感を観客の想像力の中で、遠くにも近くにも自由に置くことが出来る。抽象的であるが故に普遍性を持つのだ。場所や時間に囚われない普遍性こそが「物語」の最大の強みであると僕は考える。本作においては「地名」や「人名」などを出していることに一定の評価を受けた。地名の扱いについては先述した。僕は具体性を持たせるために「地名」を出しているわけではない。それはそこに住む人にとっての語りの一部、身体の一部だから表記する必然性があったのだ。

僕にとってドキュメンタリー映画（TVは若干性質が異なる）を作ることは、具体的な現実から抽象的な物語を紡ぐことである。そして、抽象的であるがゆえに現実の延長として観客は身近に感じられるし、「私の物語」として接続しやすくなると僕は考える。

史上初のドキュメンタリー映画とされる『極北のナヌーク』（ロバート・フラハティ監督）は水平社設立と同じ1922年に公開された。イヌイットと生活を共にしながら作り上げたこの映画は、彼らの当時の生活をそのまま撮影してはいない。映っているのはかつてのイヌイットの生活の再現なのだ。だから再現を撮ることが出来る関係性が映っているともいえる。いずれにせよこの映画が100年という歳月を越えて語り継がれているのは、単に現実を描くのではなく良質な「物語（虚構）」だったから、だと僕は思う。

ここまで僕は物語という言葉をつかってきたが、これは起承転結がはっきりしているドラマティックなストーリー、という狭い意味ではない。物語は、単に行って帰ってくるだけでも十分に物語なのだし、たとえば一枚の写真にだって物語は存在する。僕が息子の寝かしつけで聞かせるお話は、息子が保育園にいく道すがら、大好きな消防車や電車を見かけたり、友達や唐突に現れる機関車トーマスとおしゃべりしたりする、筋があってないようなお話だ。けれど、息子にとっては立派な物語なのだ。息子はおもちゃの車を手に「ジュウタイだー。キュウキュウシャがとおれないー」と言って一人で物語を創作している。人は物語と共に生きているのだと息子が教えてくれた。だから僕は物語にこだわってドキュメンタリーを作りたい。『私のはなし　部落のはなし』が完成するまで、視えにくい部落問題を本当に描くことが出来るのか？　ずっと疑問だった。けれど、小川紳介が言ったように、「ドキュメンタリーは関係性を撮るもの」だ。だから答えは案外シンプルで、部落問題を関係性として捉えれば、ドキュメンタリーで描くことは不可能ではない。作り終えてようやく、僕はドキュメンタリーの基本のキを理解することができたのだ。ここまでいろいろと書いたけれど、親が子どものことを100パーセント理解できないように、自分で作った映画のことは自分でもよく分からない。ここで述べているのは、あくまで後付けの理屈でしかない。でも自分でも分からない、それが作品づくりの面白さだと思う。

『にくのひと』が終わる時

『私のはなし　部落のはなし』公開後、各地での取材や質疑応答で幾度となく「なぜ部落問題に取り組もうと思ったんですか？」と尋ねられた。

「実は学生時代に兵庫県加古川市の食肉センター、つまり屠場ですね。そこを舞台にしたドキュメンタリー映画『にくのひと』を作ったんです。ですが、のちに抗議を受け、それによって出演者の関係性が崩れたので封印したんです。当時を振り返ると、やはり自分自身の部落問題認識が甘かった。そういう反省もあったので、今回の映画を作ることにしたんです」

と、僕は答える。

「この映画をつくったのは……」

「自分の部落問題の認識が甘かった……」

「もともと牛が肉になる過程が見たくて……」

何度も、何度も、繰り返し語った。

また同じことを言わなければならないのか……と思いつつも、繰り返し語り続けることで、だんだんと『にくのひと』の一件に対して他人の出来事のような距離感を感じるようになってきた。

「昔『にくのひと』を観て監督のこと覚えていました。また映画を見ることができてうれしいです」

こんな声も少なからずかけてもらった。十年以上も前の封印作品がわずかでも人々の記憶に残り続けて本作に繋がったのであれば、こんなに嬉しいことはない。今後『にくのひと』を公開することはおそらくない。けれど観た人の中では「過去の作品」として生き続けるのは悪くないことだと思う。

舞台挨拶を終えて帰路につく電車の中で、ふと『にくのひと』が終わったな、という実感が湧いてきた。12年かけて未完だった『にくのひと』をようやく過去のものとして受け止めることが出来るようになったようだ。そしてようやくドキュメンタリーの作り手としてのスタートラインに立つことが出来た気がする。
これで僕のはなしは終わりである。
さて次は何を作ろうか。

映画のメインビジュアル

©「私のはなし 部落のはなし」製作委員会
（Ⅱの本文写真すべて）

左から大島新氏、満若勇咲氏、木下繁貴氏

III 『私のはなし 部落のはなし』をめぐる対話

大島新（プロデューサー）
木下繁貴（配給会社「東風」）
満若勇咲

大島　新

1969年神奈川県生まれ。ドキュメンタリー監督、プロデューサー。早稲田大学第一文学部卒業後、フジテレビに入社。「NONFIX」「ザ・ノンフィクション」などドキュメンタリー番組のディレクターを務める。99年よりフリーランスとして「情熱大陸」、「課外授業 ようこそ先輩」などを演出。2009年映像製作会社ネツゲン設立。監督作品に『シアトリカル 唐十郎と劇団唐組の記録』（07／日本映画批評家大賞ドキュメンタリー作品賞）、『園子温という生きもの』（16）、『なぜ君は総理大臣になれないのか』（20／キネマ旬報文化映画ベスト・テン第1位）、『香川1区』（21）。主なプロデュース作品に『カレーライスを一から作る』（16／前田亜紀監督）、『ぼけますから、よろしくお願いします。』（18／信友直子監督）、『ムヒカ 世界でいちばん貧しい大統領から日本人へ』（20／田部井一真監督）など。

木下繁貴

1975年長崎県生まれ。日本映画学校卒業後、フリーの映像制作を経て、映画やCMの製作会社で配給宣伝業務を担当する。2009年3月に映画配給宣伝会社・合同会社東風を設立、代表を務める。東風の主な配給作品に、『Peace』（10／想田和弘監督、香港国際映画祭最優秀ドキュメンタリー賞）、『ペコロスの母に会いに行く』（13／森﨑東監督、キネマ旬報ベスト・テン日本映画第1位）、『人生フルーツ』（16／伏原健之監督、キネマ旬報ベスト・テン文化映画第1位）、『プリズン・サークル』（19／坂上香監督）など。

写真／朝山実

『私のはなし　部落のはなし』の満若勇咲監督、大島新プロデューサー、配給会社「東風」の木下繁貴氏の3氏に、満若監督の未公開作品『にくのひと』から今作までの経緯、作品のもつ意味などを語ってもらう場をもちました。

（司会進行・朝山実／2022年10月、「東風」事務所にて）

――まず木下さんから、満若監督の前作『にくのひと』のときにお二人が出会われた経緯から話してもらえますか？

木下　10年前くらい前になりますが、あれは田原（総一朗ノンフィクション）賞だったんですかね。当時東風が配給する『花と兵隊』（松林要樹監督）と『にくのひと』が賞を取ったんですね。

満若　松林さんが奨励賞で、僕のが佳作だったんですね。

木下　それで人づてに作品を見せてもらったんです。私は部落問題に対してつよい関心があったわけではなく、当時『いのちの食べかた』（ニコラウス・ゲイハルター監督）という作品が話題になっていて私自身好きな作品でもあり、食肉の話ということで話を聞いたと記憶しています。それで

『にくのひと』の配給に関してどこまで進んでいたかというと、上映館と時期も決まり、マスコミ向けの試写状のデザインが出来上がったところまでだったと思います。

満若　そうでしたね。

木下　印刷の発注をする直前で、満若さんに（部落）解放同盟の兵庫県連の方から話があり、公開中止になっていったんですが、詳しいやりとりの記憶がすこし曖昧で、どんな話をしたのか覚えていますか？

満若　時系列を正確にいうと、まず主人公の青年から「もうやめたい」と電話がかかってきて、そのあと兵庫県連から抗議が入りました。それで中尾（政国）さんに説得に入ってもらったんですが、難しく、１回凍結してくださいとお願いしたと思うんです。

木下　あのときに話をしたのは……。

満若　新宿のイタリアントマトです。テアトルの隣の。いつもそこで話をしていたんですよね。

木下　ああ、そうでした。そこから10年くらい、お互い連絡取らないままだったんですよね。

満若　そうです。僕は気まずくて取りようがなくて。

木下　私は、その後人づてには満若さんがカメラマンをやっているというのは聞いてはいたんです。あと、雑誌（『f/22』）を始めたというのは。これが、かなり踏み込んだ内容の硬派な雑誌で。10年前は柔らかな人という印象だったので、すごく頑張っているんだ、よかったと見ていました。そうしたところに大島さんからご連絡を頂いた。

大島　いえ、まず満若くんが自分で連絡したんですよね。「どっちが連絡する？」とふたりで話をして、満若くんが「僕からします」と。それで3人でここで会ったんですね。

木下　ああそうか。まず満若さんからメールをもらったんですね。とにかく声をかけてくれたのが、とても嬉しくて。というのも私たちにとっては、そういう作品が過去にあったということですが、満若さんにとっては最初で唯一の作品があいうかたちで頓挫してしまった。それは大きな出来事だったと思うんです。

それでいったん作品を預かって社内の全員で見て、「ぜひやらせてほしい」とご返事しました。社内で、この作品を配給することのリスクについての話も出ました。登場している人からクレームが入ったり、部落問題を扱っていることのリスクはあるだろうと。ただ、そうしたリスクを理由にして、だからやらないという判断はしない。これは私たち「東風」のルールで。感想を言うと、興奮したんですね。ここまで踏み込んでいるんだ。姿勢として攻めている。映画的な魅力をつよく感じましたし、映画として面白かったんですね。全員一致で「やりましょう」ということでご連絡しました。

満若　大島さんが自社で配給までやられたときには大変だったというお話も聞いていたので、ああ、決まってよかったと思いました。それに『にくのひと』のときには試写状をデザインするところまでいったということは、お金が発生しているということだと後になって気づいたんですよね。1年か2年したあとですけど。つまり経済的な損害を被らせたんだという罪悪感はずっとあったんです。

――当時、東風から満若さんにかかったコストの請求はされていなかった?

木下　しなかったと思います。ケースバイケースだと思うんですが、たとえば満若さんが意地悪でそうしたんだったら話は別ですけど、いちばん落ち込んでいるのが満若さんなんですよね。それはわかっていたので。

──大島さん、業界的にはそういうものなんですか？

大島　いや、満若くんがまだ若者だったというのと、木下さんのお考えによるものだと思いますね。もしも私と木下さんの間でそういうことが起きていたら、確実にお支払いはしていると思います。少なくとも実費とマンパワーはかかっているわけですから、当然何らかの提示はさせていただくでしょう。ただまあ途中でポシャルというのは、なくはないんですね。

木下　そうですね。提示していただいとしても、うちとしては受け取らないかもしれない。

──10年前というと失礼ながら東風の台所事情に余裕があったとも思えないのですが。

大島　おそらく試写状を送ってしまっていたら全然ちがうダメージになっていたでしょうね。単純に2000枚送るとして切手代もかかりますし、送った先に対して中止の連絡もしないといけない。

木下　タイミングとしてはギリギリでしたね。

満若　そういう赤字を背負わしてしまったという罪悪感はあったので、声をかけるならまず東風さんに、というのは大島さんと話したんですね。ただ、前作のこともありますから、ダメと言われる可能性もあるだろうとは思っていました。

大島　あのとき、彼が自分で連絡すると言ったので、エライなあと思ったんですね。気まずいのであれば、東風さんと私も知らない仲ではないので、私からと思ったんですが。

木下　経緯はさておき、今回判断の決め手になったのは作品です。もっとも見て、よいと言えないものだったら、とても困ったと思います。

これまでドキュメンタリーで部落問題を描くとしたら、ひとりの人、あるいは一定の人たちを追うという作り方が一般的だったと思うんです。それに対して今回の作品は「対話」を描こうとしている。対話から浮かびあがらせようとする手法が新鮮でした。

ですが、逆に宣伝する側になってみると、この作品を言葉で説明しようとするのはとても難しいんですよね。何組かの被差別部落にかかわる人たちの対話を描いたドキュメンタリーです、と言われてもピンとこないでしょうし。

満若　（うなずく）

――大島さんにお聞きしたいのですが、プロデューサーとして現場にほとんどタッチされなかったそうですが？

大島　僕のプロデュースワークの基本は、自分が監督をした際にやられて嫌だったことは、しない。それはまず大事にしたい。私自身は過度な干渉はされたくない。だから現場に干渉はしないでおこうと心掛けています。何か言うのであれば、決定的に意味のあることを言う。それができないのであれば何も言わないでおこうというスタンスなんですね。それがまず一つ。

あとは、会ってみて満若くんに魅力を感じたのと、カメラマンの辻智彦さんの存在も大きかった。このコンビが作るものを見てみたいと思ったので、そこはすべて任せるのがいいだろうと。それで時々こんなロケをして来ましたという話を彼がしてくれて、私は「ああ、そうなんだ」と聞いていました。

満若　当時、大島さんも忙しかったですからね（『なぜ君は総理大臣になれないのか』『香川1区』を監督中）。

大島　ああ、それもありました。自分のことで手一杯という。ただ、監督のタイプや作品の内容によってはコミットすることもあるといえば、あるんですけどね。だけど今回はそうじゃないだろうと。これは監督の企画で、被写体との関係性もぜんぶ満若くんとの間でやっていることだったので、「編集の第一稿で、とにかく面白いものを見せて」と言ったように思います。

満若　それはそれで逆にプレッシャーでしたが、ヘンに干渉されて背中から撃たれるよりは、無言の圧の方が僕はよかったですね。自分を追い込めて。

——プロデューサーを引き受けるにあたって、大島さんから具体的な条件提示はされたんですか？

大島　お金のことは言いましたね。ドキュメンタリー映画の製作費のイメージはありますし、満若くんも自腹を切るとも言っていたから、プラスこのぐらい出せばできるかなという、それが300（万円）。最終的に350くらいになったのかな。

——その数字は大島さんが妥当と考えた金額ですか？　あるいは裁量の限度額ですか？

大島　私は会社（ネツゲン）のオーナーですが、社長は後輩に譲っているので、会社として出資するということだと社内の了解をとらないといけないんですね。それで僕の一存でハンドリングできるのはその金額かな、と。ただ、社内でリスクがあるという話になり、結果的には会社としてではなく私個人で出すことにしました。だから、この作品にネツゲンの名前は入れていません。

――社内で異論が出たにもかかわらず、個人でやろうと動いたのは？

大島　絶対いい企画だと思っていた。これはカンですね。いい監督だし、いいカメラマンだし。まあ、ある意味、馬券を買うようなものというか。映画はそういう面がありますから。結果うまくいかなかったということも過去にはありますけど、それでも作って後悔したというのは一度もない。ともかくやりたい、絶対参加したいという気持ちが働いたんですね。

――そのときプロデューサーとして満若さんの何を信頼されたのですか？　馬券を買うにあたって。

大島　なんだろうなあ……。『f/22』という雑誌の創刊のときのイベントに呼ばれていったのが出会いだったんですね。そのときにカメラマンの辻さんに紹介されたんです。辻さんとは20代の頃からお互い知っているような関係です。あの雑誌はさっき木下さんも言われていたけど、若いのに攻めている。だから物を考えている人だと思った。すくなくともドキュメンタリーに関して真剣に考えているというのは、雑誌を見ただけで伝わってきました。実際に会って話してみても、そこは伝わってきたので、面白いなあと。でも、いちばん驚いたのは第一稿を見たときですね。

ドキュメンタリーをやっているプロ同士だし、あれだけの雑誌もやっているんだから、おかしなものが出てくるとは思っていませんでしたが。見てみて、木下さんと同じように私も興奮しましたし、圧倒もされました。映画的な魅力も大きかった。だけど、あのときは「いいね」ぐらいしか言わなかった。長いし、いろんな要素が詰まっていますから、なんて言っていいのか正直わからないというのもあって。何より、監督が血の汗をかいているというのは伝わってきた。だからこれに簡単にモノは言えないと思いました。プロデューサーって、立場として言わないといけないから無理やり何か言う人もいるんですよね。

木下　ハハハハハ。

大島　それはしたくなかったし、ここが面白いということぐらいしか言わなかったよね。

満若　そうですね。

——面白いと思ったポイントはたとえば？

大島　さすがカメラマンチームだなと思ったのは、撮影方法にこだわっていることです。私なんかはテレビと映画の違いを編集上はとても意識するんですが、現場ではそんなに自覚的ではないんですよね。そこが考えつくされていたので、さすがだなあと。

一例をあげると三重県伊賀市のところの対話のシーンですね。あそこは「レール」を敷いて撮っているんですね。カメラはレールの上を移動していくんですが、私だと、カメラマンが手持ちのカメラで撮るというのが多いんですね。それで、あの場面の対話は出演者にお任せですが、場のセッティングは監督がやっている。それでレールを敷いて辻さんが撮るという、そういう画撮りをしていることが、これは「映画」として作るんだという自覚をもって演出している。そのことがいいなあと思いました。

木下　ふつう、ああいう対話のシーンだと2カメ、3カメでカットバックして撮るんですが、そうせずにどう見せるのかということをカメラマンと満若さんが話し合ったんだと思います。みんなが想像するものとはちがうものを見せてやるぞという意気込みを感じました。

大島　そこは大きかったですね。まあドキュメンタリーの作り方として、撮影方法がいちばん重要かというとそれはまたちがう話ですが。

それともう一つは、京都の河原での処刑のイメージシーン。あそこでの画作りですね。ドキュメンタリーの中にこういうシーン（処刑のやり方を再現してみせる）を入れ映像的に見せてくるんだという。あとは、若い女性が歩きながら朗読する場面とか。

木下　朗読もどこを歩くのかなんですよね。フェンスで囲われた前を歩いていく。それ自体に対して、見ている側は意味を感じ取るんですよね。

――後半のシーンですよね。これはどこなんだろうと考えながら見ていました。空撮シーンも、どこを撮っているんだろうとか。あえて、でしょうけど、説明がないので逆にいろいろ想像させるんですね。

大島　そうですね。黒川（みどり）先生のところも、黒板とチョークを使って説明しているんですが、自然にあの部屋にあったとはとても思えない。これは演出だ、と。コツコツというチョークの音にライブ感がある。

ドキュメンタリーは、とくに私がかかわってきたものでいうと、そこで起きた事象に一生懸命ついていく。ナチュラルに現場で起きていることを撮影し、編集してストーリーを作っていく王道的なやり方があるんですが、この作品は現場に行く前に「どう見せるのか」ということをすごく考えている。それがテーマともマッチし3時間半もの長さにもかかわらず、飽きさせなかった。そういう驚きですね。松村（元樹）さんの朗読もポイント、ポイントで効果的に挟まれていますし。

満若　うーん、実はあんまり、テレビと映画とか意識していないんですよね。今回も、対話というテーマから逆算して演出を考えただけなんですよね。もちろん、テレビはわかりやすいカットを撮ったり、テレビの文法はあるので、それに則って制作はしますが。そもそもこの映画はリアリズムの映画ではないじゃないですか。対話というテーマである以上、どっしりと腰を据えて話を聞きたい、そこから逆算したんだと思います。画作りといえば画作りなんですけど、テレビとか映画とか使い分けられるほど器用ではないので、ただ必死にやってるだけなんですよね。まあ映画の場合、自分の責任において、お金さえあればやりたいことができるので、そういった意味ではいろんな人の意志が絡むテレビより、やりたいことをやるハードルは低いかもしれませんね。

木下　最初、映画の本編を見て私たちがやりましょうと言ったときには、今のようにまだ前編後編に分かれてはいなかったんですよね。それで大島さんを含めて相談させてもらったときには、私は「もう少し短くはならないかなあ」と言いました。理由は、映画館で回すことのできる回数です。同時に「前編後編に分けられないだろうか」という話が出たんですね。で、話し合ううちに前編後編にして、更に長くなってしまったんですけど。

――前編の終わりのところの「つづく」という引っ張り方がうまいと思いましたが、あれは？

満若　もともとあの「全国部落調査」復刻版出版事件の話が真ん中ぐらいには入っていたので、前編後編にするのであればそこで切って、かつ宮部氏で引っ張ろうというのは編集の前嶌（健治）さんのアイディアです。

――ウェブサイトで「部落探訪」を載せている宮部（龍彦）さんの出し方が後編への牽引車になっています。

大島　宮部さんのことに関して言うと、（監督が）フラットに向き合っていることで、いろんな人がいろんなことを言うのはわかるんです（部落問題に関わってきた人たちから、宮部氏に対して批判的でないとの不満や批判が出た）。だけど被写体に対して「お前のことを悪く描くからな」と言って撮るドキュメンタリーの作り手はまず、いないと思うんです。

満若　僕が見てきたテレビの世界だといないと思いますね。

大島　それで、宮部さんであろうが、取材をさせてくれと依頼した以上はフラットに撮るというスタイルだったと思うんですね。それを観たひとがどう捉えるのかという問題は別で。彼のやっていることに同調していますというスタンスでもないわけですよね。それは登場するあらゆるひとに対する敬意があって、それがあるから人物の魅力が引き出されているんだと思いました。

私は、たまたま同年代の子どもがいるので、北芝の若者のシーンがすごく好きなんですけど、まさに人間の感情が描かれていると思いました。

満若　似たようなことを助手時代に辻さんからも言われたんですよね。内面を鍛えろって。取材の基本的な姿勢として、先入観をもって撮影がうまくいった試しはない、と。すばらしい人格の持ち主だと思って会ってみたら、とんでもなく破綻した人だったということもなくはないので。そういった意外性もドキュメンタリーの面白さだと思います。

大島　そうだよね。

満若　フラットにする……。事前に想定していたものと違うものが撮れたときに想定に合わせようとすると、ズレが生じる。そこで一度無理に合わせてしまうと（つじつまを合わせるために）どんどんズレが重なり、物語の構成と映像がちぐはぐになってしまうことはけっこうある。

大島　ありますね。これはすこし話がズレてしまうかもしれないんですが、私も最近、活字の方の取材を受けることが多くなっているんですが、取材を受けていて、二つのダメな取材者を見かけるんです。

2番目にダメなのは、（ノートに）質問が並んでいてそれを順に聞こうとする人。いちばんダメなのは、自分の書きたいことが決まっていて、僕にそれを言わせようとする人。これがけっこういるんですね。

もちろん聞き出したいこと、撮りたいことがあるのは構わない。でも、まずフラットに来て、会話をしてほしいんです。それなのに用意してきた質問を10個全部聞きます、では対話にならない。あるいは、僕が何と答えようともすでに自分が考えた答えがあり、それを言わせようとする。ドキュメンタリーでも、そういう人がいなくはないんだけど。その逆をやろうよ、というのが僕にはあるし、満若くんもそうなのかなと。

満若　そうですね。辻さんとたまに愚痴るんですが、新人ディレクターが現場に質問表を持ってきて、相手を見ない。ずっと紙を見てインタビューしている。それだと壁にインタビューしてるのと同じなんですよね。相手がいない。相手の顔を見て聞くというのは基本中の基本で、そこから何を感じて会話し、新たな質問をするかが大事だと。

——そういう仕事の基本作法はなおるものですか？

大島　失敗を重ねるとなおるのかなあ。どうでしょう。

満若　訓練じゃないですかね。そうやって求めていたものが撮れてしまったらヨシとなり、それ以外の方法論を知る機会がないということもあるかもしれない。どっちを見て作っているのかという話ですよね。現場を見ないで、うるさいプロデューサーしか見ていない。そういう意味では今回大島さんがプロデューサーで本当によかったなと思いました。

——観る前は対話のシーンが多いとあきるんじゃないかと思っていたらミステリー的で面白かったんですね。これはどういう話をしているんだろうかと好奇心でひっぱり、そういうことかと思うと場面が切り替わる。編集がすごく考えられていると思いました。大島さんから見て、どのようにして編集されたのか、手の内はわかるものなんですか？

大島　想像つく部分もありますけれど、細かい手の内はわかりません。ただ、考え抜いてああいうふうにしているんだろうというのは思いました。もちろん満若くんと前嶌さん、ふたりの意見がちがうところでのせめぎ合いはあったでしょうけれど。

満若　何が大変だったかというと、ロジカルに見えてロジカルに編んでいるわけではない。これだという一つのストーリーがあるわけでもないので。

大島　それはありますよね。ドキュメンタリーといっても、いろいろあるんですよね。

満若　基本的に映像の構成は連想ゲームみたいなものだと思っています。たとえばクルマ→走る、みたいな組み立てなんですよね。

木下　アハハハハハ。

満若　ぜんぶ一つひとつは異物で、シーン同士のつながりは連想ゲームなんです。

大島　たとえばですけど、私がいちばん最近作った『香川1区』という映画だと、日付に意味があるので時系列が崩せない。つまり事が起きた順番に並べていくしかなくて、「選挙」を描いた話だからゴールも決まっている。そういうドキュメンタリーとはまったくちがう構成をとっている。前のシーンと次のシーンの関連性はあるようで、ないともいえる。編集者と監督の考え次第で、どうにでもできてしまう。

満若　たとえば車↓花↓本とつないだら、何だか流れがよくわからない。赤↓青↓黄色だったら、これは色のつながりなんだというのは伝わりますよね。赤↓フェラーリ↓タイヤ↓丸いとか。そういう展開のさせ方は考えていました。

――それは付箋みたいなものを貼り付けて、何回も何回も貼り変えシャッフルさせていくような作業ですか？

満若　そうですね。付箋を使うのを映像業界では「ペタペタ」と言っていますけど。僕はペタペタを使いこなせてなくて、エクセルを使って構成表を作っていたんですね。

――原稿の執筆でいうとパソコンで書いたものを一度プリントアウトし、それを見て直すということをするんですが。そのペタペタは客観視するための行程にちかいものですか？

満若　全体を通してみないと分からなくなるということではそうかもしれませんね。

大島　そうなんだよねえ。

満若　だけどペタペタも部分的なもので、一度3時間なら3時間にしたものを見直しては、ひとりうなだれるということの繰り返しなんですよね。

大島　それも3日くらい寝かして見返すと違ってきたりするんですよ。何でこの前見たときには気づかなかったんだろう、というのはよくあって。私の場合だと編集に根を詰めすぎるとだんだん見えなくなるから、一度手放そうとする。頭を空っぽにする時間をつくって見直すと、いろんな気づきがあって。

満若　あとはフンイキですよね。それはプリントアウトするのに近いのかもしれないですよね。

大島　どうなんだろう。私は編集マンと共同で構成していく感じかなぁ。この流れはダメだなというのは案外理屈ではなくて。そうやって入れ替え差し替えするんですけど。でも構成は本来、演出家の仕事に入るものなんですか？

満若　僕はおおまかなアイディアは出して、それについて前嶌さんからコメントが返って来て、という仕方で。まず大枠を僕が決めて、細かいところは前嶌さんにやってもらう。前嶌さんと辻さんの調整を取るということもやっていました。

大島　その調整が大変だったと言っていたよね。

満若　そのぶん今回とても勉強になりました。

――まとめに入りたいと思いますが、何か満若さんからお二人に聞きたいことがあれば。

満若　木下さんにお聞きしたかったのは、『にくのひと』をやめたときに社内の雰囲気はどうだったのですか？

木下　社内が紛糾したりとかいうことはなかったです。私たちの仕事は裏方なので、監督自身がひ

く と決めたのだから。それにいちばん辛いのは監督だし。残念だけど、しょうがないねということでした。

満若 そのときに部落問題だからというのはありました?

木下 被差別部落のことは当時、私自身認識がそれほどあったわけではないにしても、なかなか描きづらいことだというのは意識していて。最終的にやめるという判断をしたときにもそのあたりのことは満若さんから話を聞いていたので、強行するという判断はなかったですね。

満若 当時と今だと状況も違って、空気としては押し切ろうとするようなものもあったように思うんですね。そういう意味で主人公が嫌がっているからやめようという判断をするのは、当時としては一般的ではなかったんでしょうか?

木下 配給側として上映をとりやめるということに納得したのは、満若さん自身が凍結したいと言われたからです。もしかして、満若さんが「やります」と言っていたらやっていたかもしれない。実際、満若さんを説得しようとはしていたんですよね。何とかできないだろうかと。ただ、満若さん自身の意思は固かったんですね。

満若 (うなずく)

大島 追加で僕も木下さんに聞いていいですか? この映画の公開直前に目標について話をしていたときに、僕が1万5000人と言ったら、木下さんは一瞬「えっ⁉」という顔をされて「まずは1万人を目指しましょう」とおっしゃったんですよね。じつはもう間もなく1万5000人になりそうなんですが。(笑)

木下　最初、これはいけるぞと思ったんです。頭の中で数字は膨らんでいたんです。けれども劇場公開までの過程のなかで、みなさん書いてくれないんですよね。メディアの方が、記事を。インタビューの申し込みも、ない。

大島　なるほど。取材のオファーが期待していたほど来なかった、ということですか。

木下　それで、思ったほどには広がらないかもしれない。作品自体には自信があるから、広がるはずだとは思いつつ、これは苦戦するかも、という時期だったんですね。あともう一つ、配給会社としては目標値を低く設定しておいたほうがいいんですね。3万人いけますよと言って、いかなかったら責任問題もあります。だからある程度、越えられるハードルにしておこうというのはあるんですよね。

――大島さんがあげられた1万5000人というのはどこから？

大島　以前よりもヒットの数字が上がってきているんですね。以前だと1万人で「おめでとう」だったのが、いまは3万になってきていて。ただ、これは3時間25分の映画なので、ふつうの映画の2本分になる。ということは上映の機会もふつうの映画だと2回かけられるのを1回だけになるだろうというので、3万人の半分を目標にしよう。興行収入的にもそれくらいの数字だったらいいよねと言ったら、木下さんに「えっ⁉」という顔をされたんですね。

木下　アハハハハハ。そうでしたね。

――東風で1万5000のハードルを越えているのは、最近だと？

木下　2022年は越えている作品が多いですね。『スープとイデオロギー』『テレビで会えない芸人』は越えています。ただ、まあ、この長尺だと上映に踏み切れない映画館もあるんですよね。2本分の上映機会をとられるわけですから。

――いまドキュメンタリーをかけようという映画館は増えてきているんでしょうか？

大島　これはお世辞ではなくて東風さんの力が大きいと思うんですが、ドキュメンタリーを観ようという観客は増えています。

木下　海外のドキュメンタリーも増えていますね。

――最後に大島さんに、劇場での舞台挨拶で監督と出られることがありましたが、何か感じたことがあれば。

大島　私が出たのは東京と大阪だけですが、衝撃的にひどいことを言ってこられた方が二人いました。そうか、こういう言われ方をするんだなという。私も政治を扱った映画を撮ったので、いろいろ言われましたが、あそこまで激烈に悪く言われるという経験はありませんでした。東京と大阪、それぞれ10人くらい質問者がいたうちの一人ずつですが。部落問題を扱った映画であるがゆえのハレーションなのかと。それ以降そういうのはありましたか？

満若　対面ではあの二つですね。あとはネットに移行しました。

言われたときには、何でああいうことを言うのかなぁというのをずっと考えていましたね。その場でうまく返答できなかったなぁとか。何を言うのが正解だったのか、とか。ショックはショックではあるんですが、そこから何を見つけ出せるかなぁと。

鼎談はここで終えたのですが、後日、満若さんからこんなメールがありました。

「先日は、お忙しい中ありがとうございました。そして、うまくお話しできず申し訳ありません。実は大人数になると自分の存在を引いてしまう癖がありまして、それが出てしまいました。昨日の夜は一人で反省をしてしまい、なかなか寝付けませんでした。大変不躾なお願いで恐縮なのですが、大島さんと木下さんのお二人にそれぞれ1点ずつお聞きしたいことがあります。メールで構いませんので、お答えいただくことは可能でしょうか？」

木下さん、大島さんの快諾を得て、数日の間隔をあけながら以下、メールでのやりとりが行われました。儀礼的な挨拶文は省略して掲載します。

満若さんからの質問

お二人に共通してお伺いしたいことは『にくのひと』がそうであったように、ドキュメンタリー作品が、作品の外側でトラブルが起きたときにどのように対応するべきか？　ということです。もちろんすべてケースバイケースだと思いますので、これまでのご経験に基づいてのお話を伺えればと思います。この質問を通して、作り手側の倫理的な基準点が見えてくれば、今日的な課題でもありますし、有意義な鼎談になるのかなと思いました（もちろん活字に出来る部分、出来ない部分があると思います）。

木下さんへの質問

東風さんは、のちに出演者の性暴力が発覚した『広河隆一　人間の戦場』、出演者から提訴され勝訴した『主戦場』、過去の盗作と性的暴行とが発覚したアッバス・キアロスタミの『クローズ・アップ』（これは東風さんがどこまで関与しているのかわかりませんが）などの作品にこれまで関わってきました。上映を継続するか、一旦延期にするか、それぞれのケースによって対応が分かれています。もちろん『にくのひと』同様、制作側の意向が大きいと思います。そのうえで、配給としてそういったトラブルに直面したときにどのように判断されているのか？　またどのような社会的な責任があるとお考えなのでしょうか？

配給はただ映画を上映するだけではなくて、ある意味、映画と社会とをつなぐ架け橋になることが仕事であると、東風のみなさんとの仕事を通じて知りました。そういった配給会社が背負う社会的責任について東風の皆さんは非常に自覚されていましたし、それゆえに監督として皆さんを全面的に信頼できるな、と感じる部分でもあります。「東風というちゃんとした配給会社があるよ！」と知ってもらいたい、そんな思いがあります。基本的な姿勢や考え方をもう少し教えていただけると幸いです。

木下さんから社内でも確認をとったうえでの返信

追加のご質問の答えをお送りします。ご質問について（特に『主戦場』）きちんと答えようと思うと、何が起こったのか定義づけから必要になるため膨大になり、また答え方にも細心の注意を払う必要があり、基本的には東風が出しているコメントや私の陳述書などの引用を中心に答えたいと思います。

■作品の外側でトラブルが起きたときにどのように対応するべきか？

ご指摘の通り、ケースバイケースです。どのように対応するべきかについて、明確な答えはありません。何か起きたらその都度対応を考えるしかありません。配給会社としては、本来守りたいものは作品自体と製作者と出演者です。そのうえで、トラブルが起こったときには「何が起こったのか」「誰がその主張しているのか」「製作者はどう考えているのか」によって、配給会社としてどのように対応していくべきか、私だけでなく社内全員で協議したうえで対応を決めていきます。その際、スタッフ一人一人の考えだけでなく、その時の社会が持つ空気感の影響も受けます。

配給会社として「どう振る舞うべきか」ではなく、「どう振る舞いたいか」を重視していると思っています。状況によっては、本来守りたいはずだった製作者や出演者とは意見が異なる判断になることもあります。公開を取りやめる・延期するという判断に繋がることも出て来ます。

それは映画館や関係者に迷惑をかけることになりますが、出来る限り理解してもらえるよう丁寧に説明するしかありません。もちろん配給会社としても損失を被ることになりますが、それは経営者としては、やせ我慢します。

■『広河隆一　人間の戦場』『クローズ・アップ』『主戦場』について

東風が配給会社として関わっている作品におけるトラブルについて、公になっていること、公になっていないこと、いろいろとあります。『広河隆一　人間の戦場』は、公になっていることのうちの一つです。配給会社としては、２０１９年2月に以下のようなコメントを出しています。

《合同会社東風は、２０１５年にドキュメンタリー映画『広河隆一　人間の戦場』を配給しました。また、東風の代表をつとめる木下繁貴とスタッフの渡辺祐一は、２００８年に当時在籍していた株式会社バイオタイドで、広河隆一氏が監督したドキュメンタリー映画『パレスチナ１９４８・NAKBA』の配給協力を担当しました。

どちらも一人でも多くの人に観てほしいと思い、配給した映画です。しかし、昨年12月の「週刊文春」にはじまる一連の報道で、広河隆一氏による性暴力とパワー・ハラスメントを知ったいま、私たちが行ってきた配給という行為の是非について、思い悩んでいます。

なぜなら、私たちが2本のドキュメンタリー映画を劇場公開したことが、広河隆一氏による被害を拡大した可能性、そして被害を訴え出ることが極めて難しい環境をさらに強化した可能性を否定できないからです。

知らなかったこととはいえ、その責任の一端は私たちにあると考えています。ならば、どうしたらそれを引き受けることができるのか。

これまで東風のスタッフ全員で話し合いを続けてきましたが、いまだ明確な答えを見つけられずにいます。傷つけられた方々のお気持ちを想像し、忸怩たる思いを抱えています。映画作品がおかれる文脈がこのようなかたちで変わってしまった以上、私たちが積極的に上映や上映の呼びかけを行うことはありません。けれども一方で、たいへん申し上げ難いことですが、作品への最低限のアクセシビリティだけは確保したいとも考えています。

この葛藤する二つの考えをすぐに架橋できる言葉はありません。そのこともまた、申し訳なく思います。本件について、今後も東風のスタッフ全員で話し合いを重ね、映画を配給するということの責任と向き合ってまいります。》

『クローズ・アップ』については、イラン人アーティストのマニア・アクバリ氏が主張していることを知ったことで、劇場公開の1週間前に、以下のようなコメントを出し、公開を延期しました。

《「イラン人アーティストのマニア・アクバリ氏が、アッバス・キアロスタミ監督名義で2002年に発表された映画『10話』で使用されている映像は自分のものであると主張し、キアロスタミ氏に作品を盗まれたこと、またキアロスタミ氏から性的暴行を受けたことを告発していることがアクバリ氏自身のSNSや報道によってわかりました。これをうけ、『クローズ・アップ』を共同で配給している東風とノームとで協議し、上映を予定してくださっていた映画館に事情を説明し、9月3日（土）より予定していた劇場公開を延期することにいたしました。

現時点で知りうる情報は限られていますが、このような状況で『クローズ・アップ』の公開を予定通り行うことは不誠実であるだけでなく、社会に対して誤った、意図せざるメッセージを送ることになると判断しました。どうかご理解をいただけますようお願い申し上げます。》

いずれも「社会的な責任」を重視しているわけではありません。対象を「社会」という大きなものにしてしまうと、何を守りたいか曖昧なものになってしまうと考えています。配給会社として当事者になったときに、何を守りたいか具体的なイメージを持った上で、その都度、配給会社としての立場と折り合いをつけながら判断をしています。

『主戦場』については、出演者の一部から上映差し止めなどを求めて提訴され、ミキ・デザキ監督と東風は被告になりました。これまで、東京地裁では原告側の主張が全面的に棄却されて勝訴し、知財高裁でも同様に勝訴しました。争われている点があまりに多岐にわたるので、詳細は省きますが、私は東京地裁の裁判の中で以下のように陳述しています。一部を引用します。

《『主戦場』が、原告らが期待しているような作品でなく、また、公開直後から異例のヒットとなり、しかもマスメディアや観客の評価のほとんどが、原告らの見解や主張に与するものではなかったから、原告らとしては思ったとおりの世評とならず不満だったのだと思います。（中略）

提訴にあわせて、原告らは「映画『主戦場』に抗議します！ We Punish Movie "Shusenjo".」（URL：https://punish-shusenjo.com/wp/）のHPを立ち上げました（現在は「映画「主戦場」被害者を支える会」に改名）。このHPの中で「彼らの好き勝手にさせてはいけません。私たちはこのHPのタイトルに〈punish（懲らしめる）〉の意をこめました。この訴訟を勝利し、デザキグループを完膚なきまでに懲らしめましょう！」とあります。

原告は本裁判の中で自身の被害を訴えていますが、結局のところ自分達が気に入らない映画を作り上映をしている、デザキさんと当社を「懲らしめて」黙らせたいのだと感じています。（中略）

配給会社はその職業的使命として、映画作品と製作者を守らなければいけません。同時に、取材対象者との関係は、とても大切にしなければいけません。配給会社や製作者の誤りによって、取材対象者に迷惑を掛けた場合、これまでも出来る限り真摯に対応してきましたし、これからもそのようにしたいと考えています。

ただ、事実と異なる主張をし、自身が気に入らない映画だから懲らしめたいと言われても、取材対象者とはいえ、言うことを聞くことは出来ません。（中略）

『主戦場』の劇場公開に向けて準備していくなか、デザキさんから「撮影中、デザキさんは様々な立場の有識者の話を聞き、それぞれの正当性を元に説得されていくなかで、デザキさんの頭の中自体が〝主戦場〟になっていた」と聞きました。

この『主戦場』という映画は作品の構造自体が、最初は何も知らなかったデザキさんがたどっていった従軍慰安婦問題を知る思考の過程を描き、だからこそ、観客はデザキさんと共に従軍慰安婦に関する歴史認識を巡る旅に出て、作品が持つ強い説得力と魅力に繋がっていると考えています。

『主戦場』の中で、原告の山本優美子さんは、従軍慰安婦問題については、「性奴隷の誤解、20万人の誤解、強制連行の誤解、3つの誤解を解くこと」と言っています。映画の中でデザキさんは「20万人」という慰安婦とされた人数の取扱については、否定的に描いています。デザキさんとしてはあくまで、原告を否定するために映画を描いている訳ではなく、自身がたどり着いた結論を描きました。

映画の構造的には、最初に「〝歴史修正主義者と呼ばれる〟と紹介された原告が最終的には何らか勝つ方がどんでん返し」になり、映画としては面白かったのではと考えることがあります。

もし、そういう作品になっていたら、この裁判は起こっていなかったのだと思います。そうしなかったのは、デザキさんが歴史認識を巡る旅を通じて、自らの思考からたどり着いた結論に正直だったのだと思っています。》

以上です。

満若さんから木下さんへの返信

難しい質問に対して、ご丁寧な回答ありがとうございます。やせ我慢してでも、やるべきことを貫く姿勢は、経営者としてなかなか出来ることではないのではないかと思います。『にくのひと』の時から、東風さんの姿勢は一貫しているなと感じます。お話を伺えてよかったです。ありがとうございます。

満若さんから大島さんへの質問

大島さんは『園子温という生きもの』を撮られましたが、今年5月に性加害報道が行われ、実際に被害者からの告発がありました。現在は訴訟に発展しているので、現時点で何とも言えない状況ではあるかと思います。改めてこの件について、被害者のことを第一に考えながら、過去に制作した作品のメインの被写体にこういった事実が明るみになった時、作り手として作品をどのように扱うべきなのか？　二次加害にならないのか？　作品を残すべきなのか？　という点についてお聞きしたいです。

個人的には『園子温という生きもの』は、園監督の続報があったとしても、今後もアクセスできた方がよい作品だと思います。もし大島さんが単に園監督を持ち上げるだけの映画を作ったのであれば、間接的な加害に加担しているとの批判は免れないかと思いますが、本作は違うなと思いました。僕が『園子温という生きもの』を見たのは加害報道前の2019年です。鑑賞後「園監督は、人間的には（やっぱり）最悪な人なんだな」という感想を抱きました。それは、大島さんが意図的に園監督を批評的に見る余地を残したからだと思います。

結果的にではありますが、この作品は園監督の加害行為を考えるうえで社会にとって貴重な記録だと思います。これは『私のはなし　部落のはなし』で宮部さんを登場させたこととも通じる部分なのかなと思いました。答えにくい質問を最後にしてしまい大変恐縮です。何卒どうぞよろしくお願い致します。

大島さんからの返信

確かに答えにくい問いでしたが、改めて考える機会を作ってもらったと思います。いまだ答え出ず、の部分もあるのですが……。

園子温さんのハラスメント、性加害については、週刊誌サイドと裁判になっていますので、基本的にはそれを見守りたいと思います。しかし、加害は間違いなくあったでしょうし、傷ついた女性がいたことは事実だと思います。私はそのことを心から残念だと思うのと同時に、園さんに怒りと失望も感じています。

私が取材していた時期は、ハラスメントがあったと報じられた時よりも後で、妻の神楽坂恵さんと結婚したばかりでした。そして私の取材のメインの現場は、神楽坂さんが主演した『ひそひそ星』という作品の撮影現場でした。私には、園さんは妻にも他の俳優にもスタッフにも優しく接する人に見えました。怒鳴り声を上げたことも見たことがありません。もちろん、だからと言って過去にハラスメントがなかったという証明にはなりませんし、取材のカメラが入っている状況で、そんなことをする人もいないでしょう。

気になったのは、酒癖の悪さです。加えて、園さんは「偽善者」ならぬ「偽悪者」のようなところがあります。自分の中にあるエンジンが強過ぎて、それを制御しながら運転できないような人でした。よくいうところの「子どもがそのまま大人になったような」人だと思います。そうした部分も含めて、彼の創作の秘密や原動力、人となりを伝えようと思い『園子温という生きもの』を作りました。

私自身は、園さんのことを「最悪な人」とは思っていなくて（そう受け取る人もいるだろうなと思っていましたし、実際に私にそういう感想をくれた人もいます）、「とても興味深い人物であり、困ったところもたくさんあるけど、魅力もある人」と捉えています。『園子温という生きもの』については、配信で観ることができますが、性加害報道後に製作委員会を一緒に組んだ日活さんと話し合い、そのまま続けることにしました。迷いもありましたが、やはり自分としては社会に問う意味があると思って発表した作品を封印したくない、という部分がいちばん大きかったと思います。

一方、ご指摘の通り批評性も含んだ作品にしたつもりですが、取材している行為自体は園さんに寄り添っている部分もあるので、「もちあげている」「全体としてはほめている」と受け取る人もいると思います。だから悩ましいです。改めてこうして質問されると、「これで良かったのか」と思うほどです。

歯切れの悪い答えですみません。いま私が考えているのはこんな感じです。ところで今これを書いていて気づいたのですが、私は園さんのことを「監督」と呼んだことが一度もなく、常に「園さん」でした。そのあたりは、自分は「内側のスタッフではない」という意識を強く持っていたからかなと、今になって思います。

満若さんから大島さんへの返信

答えにくい質問にご回答いただきありがとうございます。もう少しお聞かせください。大島さんは迷った末に作品を残す決断を下した理由として、「社会的な意味」を挙げられています。もう少し具体的に、大島さんの「迷い」と「社会的な意味」について言語化していただけないでしょうか？

また、「社会的な意味」は、制作時と現時点では大きく変化したと思います。作品の意味がどのように変化し、その変化をどのように受け止めて残すという決断を下したのか、という点についてもお伺いしたいです。

『私のはなし　部落のはなし』とかなりズレた話題で恐縮ですが、どのように作品を残していくべきか？　というテーマは、この10年僕が思い悩んだことでもありますので、お答えいただけると幸いです。どうぞよろしくお願い致します。

大島さんからの返信

私が「社会に問う意味があると思って発表した作品」と書きました、まずその点について記します。

そもそも園さんに興味を持ったのは、福島の原発事故について劇映画の監督としてはいち早く、しかもかなり執拗にとも言えるほど、作品の中に取り入れたことです。『ヒミズ』と『希望の国』がそうでした。

そして特に後者は、明らかに原発反対の態度表明でした。日本では芸術家や表現者が、政治的な発言をあまりしない（最近はそうでもなくなってきましたが）というなかで、園さんの存在は日本の映画界ではかなり珍しく、かつ貴重なのではないかと思いました。

一方、彼を悪く言う人が多く存在することもわかりました（その時は性加害の問題ではなく、作品そのものや人間性への酷評でした)。
すでに海外では一部から高い評価を受けていましたが、政治的なメッセージを映画に込めることを辞さず、極端な賞賛と酷評が入り混じる映画監督の生き様を伝えることに、私は意味を感じました。そして『園子温という生きもの』は、園さんの『ひそひそ星』という作品の制作の過程が取材のメインでした。

この映画はSF的なアート作品でしたが、福島県浪江町でのロケが大半で、しつこく被災地にこだわる園さんという表現者の姿を伝えることにも意味があると思っていました。加えて、園さんの人間性については、ややありきたりかも知れませんが、才能のある人は欠落も大きい、ということも伝えたいと思いました。こちらは「意味」と呼べるほど大層なものではありませんが。

性加害の報道後に映画の意味がどう変わったかは、私という人間が問われることだと思います。「そんなことも知らずに撮っていた間抜けな監督」と言われても仕方がないとも思います(実際にTwitter上ではそんな声もチラホラありました)。しかしあの時点では、本当に知らなかったですし、その自分の不明も含めた記録として残す……という感じでしょうか。

私が見た園さんは作品の中で描いた通りなので、これはこれで正直な記録です、という言い方しかできません。また、一度発表したものを、そうした声を受けて撤回するのも、なんだかそれはそれでずるいような気もしました。

先ほども書きましたが、園さんの「欠落」も描いているので、性加害報道後に観ても、「やっぱりそういう人か」と思われる作品なのではないかとも思います。この点は「甘い」と言われるかもしれませんが。

こう書いてきて思うのですが、明確な、堂々とした理由はなく残しているというのが、いちばん正直なところかも知れません。だから迷ったし、いまも迷っている、という感じです。

質問の答えとしては足りていないかも知れませんが、こんなところでご容赦いただけませんか。

満若さんからの返信

お返事いただき本当にありがとうございます。大島さんが迷いつつも残す選択をしたということを伺えたのはとても大事なことだと思います。ドキュメンタリーを作る以上、今後も同じようなことが自分の身に起きないとも限りません。二次加害とならないよう被害者に配慮しつつ、作った作品に対してどのように向き合うか。この難問は常に作り手に突き付けられているからこそ、考え続け、時に訂正していく必要があると思います。不躾な質問に誠実にお答えいただいたこと、改めてお礼申し上げます。

あとがき

このことを書くべきか迷ったが、書いて残さないと存在していた証がなくなってしまうように感じたので書くことにした。

ちょうどこの本を執筆していた8月20日に生後3日の娘が他界した。新生児の突然死は稀に発生するらしい。しかし、それがまさか自分の娘に起きるなんて想像できなかった。

二人目の子どもだったから出産には立ち会ったけれど、退院してからいっぱい触れ合おうと思って、1日1回だけ抱っこしに病院に通った。ミルクもあげていない。コロナ対策で面会制限があったので、息子にも会わせていない。僕が触れ合ったのはわずかな時間だけだった。

娘の容態が急変したのは、ちょうど長野県での舞台挨拶がある日の朝だった。妻から連絡が入り救急搬送先の病院に駆けつけると、既に心肺が停止していて蘇生措置を継続している状態だった。これ以上蘇生の見込みはないとの説明を受けて、蘇生措置の終了を受け入れて娘の最期を看取った。息を引き取ったばかりの娘の体はまだ少し温かった。ただただ深い悲しみと強い後悔だけが残った。

娘を失った父親として、一つ書かねばならないことがある。それは、娘の死を通じて「男らしさ」「父親らしさ」を暗に求められたことだ。娘の死を知人に報告すると、何人かから「奥さんは辛いから支えてあげて」というようなことを言われる経験をした。声を掛けてくれた方たちはみんな善意ゆえだろうし、気遣いは本当に有難かった。しかし、その言葉を掛けられたことで「悲しんではいけない」「泣いてはいけない」と強く自分を抑圧してしまっていた。男であるだけで娘の死を悲しめないのか？　自分の気持ちを犠牲にしてまで支え続けなければならないのか？　こう言われる背景には、きっとこれまで多くの男性が家庭をないがしろにしてきたことがあるからなんだと思う。それは頭では理解出来る。でも感情は別物だ。妻が出産した娘の死を悲しむのは当たり前だ。だけど悲しみの質や事情はそれぞれ違うはずだ。「女の方が悲しいのだから、男は悲しむな」と言われているようで、のちのち自分がひどく傷ついていたことに気が付いた。

男性のグリーフケア（喪失ケア）について、まだこの社会はほとんど関心を示していない。少ない調査によると、子どもを失った父親が、きちんと悲しむことが出来ず、随分時間が経った後にパニック障害や精神的なダメージが発覚するケースが報告されている。娘が死んだことで、子どもを失う親という当事者に僕はなった。だから、当事者としてどうしても言わなければならない。僕にとっての悲しみと妻の悲しみが違う以上は、比べる事は出来ない。どちらもひどく悲しい。それだけだ。僕に出来る事は支える事ではなくて、そばにいて一緒に悲しむことだけだ。

人間は集団で社会を形成して生活する生き物だけれど、そこには集団には収斂できない個人個人の物語が存在する。僕が「私のはなし」というタイトルをつけたのもそういった理由だ。母親と比較しないで父親にもちゃんと悲しませてほしい。


この原稿を書いている今、すべてにおいてやる気を見いだせないでいる。仕事をしてみても集中力が拡散してしまう。すべてを放り出して、1年くらいどこかに逃げてしまいたい衝動に駆られている。その一方で、娘を忘れないために、弔うためには何か作品を作らねばならない、そんな強迫観念にも駆られている。相反する衝動をどうすればいいのかわからないでいる。だが、それでも生きていかなければならない。

僕の次のテーマが部落問題になるかはまだわからない。けれど、さんざん述べてきたように僕にとって部落問題がドキュメンタリーの原点なのは間違いない。

願わくば、いろいろな人が部落問題について語り合えるようになる日が来ることを。


ライターの朝山実さん、企画を通してくださった山田有紀さんには、執筆という時間をかけて内省する機会をくださったことに心から感謝を述べます。この機会がなければ、『ゲド戦記』が自分の原点であることを忘れてしまうところでした。また娘が急逝して精神的に参っていた時の簡潔かつ丁寧な対応にはとても救われました。

辻智彦さんは、無知で無礼な若者だった僕をここまで導いてくれました。辻さんがいなければ映像を続けることはかなわず、『私のはなし　部落のはなし』は作られることがなかったと感じています。妻である二宮寛子さんは、ときに僕を叱責しながら映画づくりを応援してくれました。彼女が傍にいてくれたからこそ6年の制作期間を継続できました。

最後に『私のはなし　部落のはなし』に関わったすべてのスタッフと協力してくださった方、そして、覚悟を持って出演してくださった出演者の皆様に心から感謝を述べます。

この本を、僕の心の支えとして生き続けている中尾政国さん、そして娘の環に捧げます。

解説

角岡伸彦

「うん、わかった。ほな、二人でおいでや」

兵庫県にある加古川食肉センターで業者を統括する中尾政国さんは、電話越しにそう言った。二〇〇七年四月。大阪市内にある、私の自宅近くの喫茶店で、大阪芸術大学で映像を専攻する満若勇咲君に会った。二十歳の彼に対して、私はふたまわりほど上である。

屠場を撮りたいという彼の並々ならぬ熱意が、私を動かした。その場でかつて取材したことがある中尾さんに電話をかけ、好感触を得た。大げさに言えば、満若監督の誕生に、私は立ち会ったのである。

その後、二人で中尾さんに会いに行って趣旨を説明し、屠場や職人の撮影ができることになった。以後、満若君とこれほど長い付き合いになるとは、そのときは思いもしなかった。

中尾さんの全面協力で完成した『にくのひと』を見て、映像や構成にセンスがあるなあと思った。シーンの描き方や配置を考える作業は、私が生業とする文章におけるノンフィクション作品も同じである。

「ビギナーズラックじゃないかと思うんですよね」

初監督作品が様々な場所で上映され好評を得たものの、満若君の表情はさえなかった。自分に才覚があるのかどうか、わからないようだった。

大阪芸大を卒業後は、のちに『私のはなし　部落のはなし』（以下、『私のはなし』）の撮影を担当することになる私の義弟・辻智彦君に弟子入りする。大阪を離れる前日に「あす、東京に行きます」という連絡があった。律儀な性格は、今も変わらない。

義弟の辻君は会うたびに、満若君が優秀なカメラマンであることを語った。私の目に狂いはなかったのである。

上京後は映像カメラマンとして、テレビのドキュメンタリー番組などで経験を積んだ。たまたま見た番組の撮影者名に、彼の名前を見つけることもあれば、収録したＢＤ《ブルーレイディスク》を送ってくれることもあった。

経験を積むためか、それとも食べていくためか、内戦中のイエメンに撮影に行くと言い出したことがあった。

「それ、やめたほうがいいんじゃない……」

そう言って私は難色を示した。政情が不安定な場所へ行って命を落とすようなことがあれば、若き有能なドキュメンタリストを失うことになるではないか。結局、諸事情でイエメンには行けなかったようだ。

依頼がある仕事だけでなく、自らの作品づくりにも意欲を燃やしていた。何をテーマに撮るか、相談に乗ったことがある。あれこれ提案してみたが、最後に「人に言われてやるのは嫌なんです」と言う。「ほな自分で考えろや」と思った。暗闇の中で光を探していたのだろう。

上京して何年も過ぎたころ、「僕の技術はまだまだ未熟で……」と私に語ったことがあった。「そんなことを言うてたら、いつまでたっても自分の作品はできひんで。もう技術は充分にあるんやから、前に進むしかないで」と諭したことがある。

謙虚という美徳は、ときとしてマイナスに働くことがある。本書に、私が年賀状に新作を督促するようなメッセージをしたためていたという話が出てくる。それがプレッシャーになっていたとは知らなかったが、誰かがランナーをスタートラインに並ばせる必要はあった。

大学時代に制作した『にくのひと』が、運動団体の抗議をきっかけに一般公開されなくなったが、部落問題に対する関心は持ち続けていた。直接会ったり、連絡があったりしたときは、よく部落問題の話をした。今から考えれば、その話をしたいがために連絡をしてきたのではないかと思わないでもない。

「インターネットで、どこが部落か、簡単に調べられるようになってるよ」

そんな話をしたことがある。数年後には、彼のほうが事情に詳しくなっていた。取材を重ねていたのである。

本書を読んで、彼の部落問題への関心が、自らの出自と関係があることを知った。逃れようがない血縁（父親）に対する忌避と畏れ。なるほどなあと思った。

プロデューサーと配給会社が決定したことから、『私のはなし』の撮影が本格化する。満若君というランナーをスタートラインに並ばせたのが私だったとすれば、号砲を鳴らしたのは彼らである。三重や京都、大阪の被差別部落を取材していることは、満若君から聞いていた。ただ、どんな映画になるのかは、まったく知らなかった。

映画がほぼ完成し、上映時間が三時間半になると聞いたときは驚いた。そんなに長い時間、観客を釘付けにできるのか。とうてい勝算があるとは思えなかった。

映画のパンフレットに寄稿するため、ＢＤが送られてきたので、さっそく見た。素晴らしい出来栄えだった。すぐに「映画として面白い」というショートメッセージを送った。部落問題がどうのこうのという、ある意味で狭い話ではない。

とはいえ、部落問題である。私はふだんは取材する側であるが、部落出身者として取材されることもある。「部落差別とは何ですか？」。そう問われて、「はい、これこれこういう差別です」と簡単に答えにくい。わかりにくくて、見えにくい。ゆえに説明もしにくい。長年取材してきた当事者の私でさえそう思う。

差別されるかもしれない漠然とした不安――。『にくのひと』の蹉跌を通して満若君が行きついたテーマが、これだった。日常生活の中に、差別はひそんでいる。

三重県の被差別部落の出身者たちが、『私のはなし』の中で、それを語っている。ある人物は、よくある風景を次のように語る。

「会話の流れが一瞬止まることは、何回も経験してるわ。釣りをしてたら、草刈りをしてるおっちゃんとか、通りすがりのおっちゃんとか、第一声で『釣れるか?』って言ってくんねん。次に『あの辺でデカいのが釣れた』『いっぱい釣れた』という話になんねん。『その竿いくらや?』とか。話が下火になったときに、『兄ちゃん、どこから来てん?』『柘植《つげ》です』『柘植のどこや?』。俺いうねん、その場で。…そしたら（会話の）流れが止まったり、表情が一瞬こわばるまではいかへんけど、まずいこと聞いたなっていう感じになったりして。あ、来たな。こうなるやろな、ほらなって…」

ふるさとの地名を言うと、あからさまに態度を変える人もいるという。どこから来たの?というよくある問いが、地名を言うことによって、空気が変わる。途切れた会話、止まった時間。自分のふるさとを言えない人の話も出てくる。

映画では、被差別部落の定義が、辞書を用いて説明されている。登場する人たちも、この共同体とそこに住む人びとの輪郭のあいまいさを語っている。

ある研究者は、賤民制が廃止されたにもかかわらず、差別・排除が続いたために名称を次々と変えて共同体が存続する様を「ある種（の）創造物」「フィクション」と喝破する。またある行政関係者は、部落民の規定に関して、本籍や居住地などを挙げつつも、実は「根拠がない」と明かす。

部落出身であることを隠して生きてきた母親の話も印象的だ。娘は母親のルーツを知らない。たまたま部落出身の男性と知り合い、結婚する運びとなる。男性に出自を打ち明けられ、娘がそれを母親に告げると「実は……」という展開。ところが彼女は、自分が部落のルーツに関係があることを肯定的にとらえることができない。「住んだことがない」「ルーツがあっても違う」と主張する。

父親は部落出身ではないが、母親のふるさとの部落で育った男性は、もし子供が生まれたら、自分のルーツを告げると言う。差別する側は、居住地がどこであろうが、部落に関係する要素を見つけ出す、というのがその理由だ。つまり、まだ見ぬわが子も、差別を受けるかもしれない部落民であることを示唆している。

かくして被差別部落という土地や空間、部落民という属性は、見るものの視点によって異なる輪郭をもつ。そのあいまいさこそが、現代の部落問題の特徴と言えるかもしれない。『私のはなし』は、それらをスクリーンに映し出した。

では、差別する側は、何を根拠に部落民を規定しているのか。関西在住の六十代の女性は、満若君の問いに次のように答えている。

――あなたのご家族（の先祖）は、身分的には？

「うちは一応、武士です。六代目か七代目くらい前まで家系図があるから。父はそれが誇りというか、証というか。部落の人と一緒になるんだったら、この敷居はまたがせないって、私らのきょうだいは、みな言われてると思う」

――結婚する際に、相手の出自は調べたりしたんですか？

「調べました」

――もしお子さんの結婚相手が、いわゆる部落の…

「調べますね」

――それは、なぜですか？

「やっぱり、血でしょう」

――部落問題は、今後なくなっていくと思いますか？

「いやーこれ、何百年続いているんでしょうね。やっぱり日本人がいる限りは難しいと思う、解決っていうのはね。要するに血筋。血統というか、血でしょ」

血統にこだわり、それが排除へと向かう構図。自分はもとより身内にも部落の血を一滴も入れないという決意は揺るがない。

自分はどこから来たのか。ルーツは多くの人にとって、どうでもいい話ではない。だが、過剰な血統信仰は、差別に転化する。

もし子供の結婚相手が部落出身者だったら……という問いに、部落の動画をアップし続けるユーチューバーが答えている。

「どうしますも何も、どうもしないですよ。……結婚差別だの何だのという話は、みんな同和事業をやったり、解放同盟が活動してるようなところばっかりですよ。そういう人がなんで不安を抱くかっていうと、怖いと。部落の人間に対して何かしら苦言を呈したら、徒党を組んで押しかけてくると。役所から不正な補助金をもらったりとか、悪いことをやってるんじゃないかということで不安を持つわけです」

娘の結婚には一切くちばしを差しはさまないという、きわめてまともな考えを持つ人物が、結婚差別はすべて運動団体の不祥事が原因という珍説を説いている（本書によれば、このユーチューバーは、取材は承諾したが自宅での撮影は固く拒否したという。部落の動画を許可なくネットに掲載するのは、住民にしてみれば自宅を撮影されるのと同じか、それ以上の抵抗があることには気付かないようだ）。

結婚差別＝同和利権という主張は、同和対策事業を拒否した、いわゆる未指定地区や、部落解放同盟の支部がない地域の住民も結婚差別を受けることを考えると無理がある。二〇〇二年に同和対策事業は終了したが、結婚差別がなくなったわけでもない。

「部落＝徒党＝怖い」という図式は、ユーチューバーだけのアイデアではない。一世紀前にこの図式を政府が利用し、良からぬ部落民が米騒動を主導したと喧伝した歴史は、この映画でも研究者が指摘している。またこの図式は世紀を越え、インターネットの書き込みでも散見できる。

私たちは、ひとくくり、ひとかたまり、ありきたりの見方で、ものごとを見がちだ。そのことに気付かないのは、それが「当たり前」だと思っているからだろう。

『私のはなし』は、当事者の漠然とした不安、あいまいな部落と部落民の輪郭、部落差別の根拠などを見せながら、結論らしきものを提示していない。考える素材は提供しつつも、どこへも誘導しない。

映画のラストシーン。インターネット上の悪質な書き込みを紹介したあと、部落出身者が、部落民ではない人たちの中から反差別運動が興《おこ》るべきではないか、という意見を述べている。それに対して満若君が、部落問題に対する自分の立ち位置を語っている。

「わからないということが大事なのかなと。本人じゃないんで、痛みはわからない。気持ちがわからないからこそ、みたいな。妙に共感してもしょうがない、というのが僕のスタンスなんですけど」

部落民の漠然とした不安をこの作品の主要なテーマとしつつも、被差別者の痛みはわからない、共感してもしょうがないと距離を置いたかのような発言をしている。

それに対して部落出身者は、痛みを共有する関係こそが重要ではないかと返している。わかってくれない、わからないと開き直るのではなく、互いが歩み寄る姿勢や関係こそが大事なのではないか、と。実は両者は、同じことを語っている。

映画はここで終わらない。部落出身者が書いた詩が映し出され、ナレーターが読み上げる。

「南京虫が同居する俺の家　おばの血を吸った奴も　おじの血を吸った奴も言っていた　エッタの血も町の奴の血も皆同じだって　だけどもこうも言っていた…　未完」

南京虫の言葉を借りて、部落民の血も、そうでない者のそれも同じだと主張する。血統を相対化した上で、意味ありげな「だけども」という接続詞を続け、映画は「未完」という言葉で終わる。血統に上も下もない。とはいえ、差別はある。部落問題をめぐる議論は、終わらない。終わらせない。満若君がこの十年余り考え続けてきた心境であろう。


映画の評判は、公開前から上々だった（少なくとも関西では）。上映二日前に、ある場所で満若君と対談したが、用意した前売り券八十枚は完売した。複数の新聞・雑誌にも取り上げられ、公開数か月で、観客動員一万五千人を超えるヒットになった。三時間半のドキュメンタリー、しかも部落問題をテーマにしたそれでは、異例のことであろう。

ただ、観客の中には作品に不満を抱く者がいて、ＳＮＳなどでそれを吹聴した。曰く、作品に登場する人物が、恣意的に編集されたと言って怒っている。ユーチューバーの動画の撮影に同行し、あまつさえ彼の発言を垂れ流すのは問題である。学生時代の作品が公開されなかったリベンジで制作している……。恣意的な編集云々は、明らかなデマである。本書を読めば、どの主張も的外れだったことがわかる。

議論を封じる動きもあった。映画を見ないよう知り合いに声をかけ、監督やプロデューサーの雑誌対談を阻もうとする年配者までいた。どのような感想を持とうが自由だが、デマを流したり、言論を封じたりするのは論外だ。

この作品は、善悪がはっきりした啓発映画ではない。登場人物の発言をどのように捉えるか、見る者の読み取り能力《リテラシー》が試されている。「正解」がない作品であるがゆえに、わかりやすい誘導や結論を欲する者には受け入れがたかったのかもしれない。

部落問題はタブーだ、などと言われる。ところがどっこい、この作品に登場する部落出身者もそうでない者も、自由にこのテーマを語っている。むろん、映画制作者として満若君の才覚があってこその作品ではある。タブーは、それを言いつのる者たちによってつくられているのだ。

『私のはなし』には、十六年前に『にくのひと』の撮影に協力した中尾政国さんも登場する。中尾さんは、残念ながら七年前に病で不帰のひとになったが、懐かしい温顔をスクリーンで見ながら、私は考えていた。もしも生きておられたら、こう言うに違いない。

「満若君、よう頑張ったな」

満若勇咲

1986年京都府出身。2005年大阪芸術大学入学。映画監督の原一男が指導する記録映像コースでドキュメンタリー制作を学ぶ。在学中にドキュメンタリー映画『にくのひと』『父、好美の人生』（監督・撮影）を制作。映像制作・技術会社ハイクロスシネマトグラフィに参加後、TVドキュメンタリーの撮影を担当する。19年からフリーランスとして活動。主な撮影番組に「ジェイクとシャリース　僕は歌姫だった」（20／アメリカ国際フィルム・ビデオ祭 ゴールド・カメラ賞）、「ETV特集 僕らが自分らしくいられる理由　54色のいろ鉛筆」（21）など。ドキュメンタリー批評雑誌『f/22』の編集長を務める。

「私《わたし》のはなし　部落《ぶらく》のはなし」の話《はなし》

2023年２月25日　初版発行

著　者　満《みつ》若《わか》勇《ゆう》咲《さく》

発行者　安部順一

発行所　中央公論新社

〒100-8152　東京都千代田区大手町1-7-1
電話　販売 03-5299-1730　編集 03-5299-1740
URL https://www.chuko.co.jp/

ＤＴＰ　嵐下英治
印　刷　図書印刷
製　本　大口製本印刷

Published by CHUOKORON-SHINSHA, INC.
Printed in Japan　ISBN978-4-12-005632-1 C0095